高収益と社会貢献を手に入れる
福祉施設投資法

空室なし 家賃下落なし
らくらく賃貸経営の秘策

大谷光弘 著

セルバ出版

はじめに

　土地の活用法は、いろいろあります。例えば、駐車場、アパート、マンション、戸建賃貸、貸店舗、貸事務所、貸倉庫、コインパーキング、定期借地、高齢者住宅……。ざっと思いつくだけでこれくらいすぐ出てきます。実際は、もっと多くの活用法があります。

　これらは、それぞれ特徴があり、投資金額も違ってきます。場所によって上手くいく場所もあれば、そうでない場所もあります。一長一短あり、何がよくていけないか？　それは、その土地の性格とその場所のニーズ、それから投資額等によって決まります。

　都心や人通りが多いところであれば、店舗や事務所、コンビニエンス・ストアなどに土地を貸すなどが基本的にはいいと思います。駅が近ければ、アパート・マンションもいいでしょう。駅も遠く、土地が大きくて、高齢者が多いとなれば、高齢者住宅も適しています。

　しかしながら、駅からも遠く、今後アパート・マンションでは不安、人通りも少なく、店舗や事務所にも向かない、そして１００坪くらいの土地で高齢者住宅にも土地が小さすぎる……。そんな土地を所有している方は、たくさんいるのではないでしょうか。そして、古い建物を所有している方も。

　これらの人の悩みに応える土地活用法が、今回のテーマである小規模福祉施設、通称「障害者グループホーム」です。正式名称は、共同生活援助施設（以下、共同生活援助施設を本書の中では、「障害者グループホーム」といいます）。

しかも、非常にニーズがあり、全国的に不足しています。本当に、投資しながら、社会貢献ができるのです。

アパートやマンションを建築して貸すことも、よい部屋を世間に供給しているので、これも確かに有料といえども社会貢献しています。

しかし、今後のアパート・マンション経営は、そう簡単ではありません。

２００７年、日本の人口は、ピークを迎え、減少に転じました。さらに、２０１７年から世帯数も減少に転じます。そして、現状の空室率を考えると、なかなか新規の賃貸経営に参入するのには勇気がいるのは確かです。今後、爆発的に人口が増えたり、移民や留学生が増えれば別ですが、劇的に変わる兆候はありません。

また、事務所や店舗、倉庫などの商業施設も、リーマンショック後の深刻な不況と製造業の生産拠点の海外移転等で空室が多くなっています。地主さんや資産家にとっては、有効な投資先がないのが現状です。

ところが、地主さんや土地を多く持った資産家にとっては、土地の有効利用はどうしても必要不可欠です。なぜなら、土地は持っているだけでは固定資産税がかかり、税負担が重いからです。さらに、平成27年からは、相続税法の改正により、完全に増税方向に舵が切られました。

基礎控除は5，000万円から3，000万円に減額され、1人当たり1，000万円あった控除も600万円に下がってしまいました。

ご主人と奥さんと子供2人という平均的な4人家族でご主人が亡くなった場合を例にとって見てみると、次のようになります。

【改正前】5，000万円＋1，000万円×3人＝8，000万円。

【改正後】3，000万円＋600万円×3人＝4，800万円

このように、基礎控除が3，200万円も少なくなってしまうのです。

自宅等の小規模宅地の評価減も、改正前と比べるとかなり制限が加わり、使いづらくなりました。税率も、最高税率が50％から55％へ改正されました。

4，800万円という試算であれば、関東圏の自宅だけでも4，800万円の評価を超える家は珍しくないでしょう。都市圏では、もはや相続税は大衆税となり得ます。

仮に3，200万円の基礎控除で最高税率を適用すると、3，200万円×55％＝1，760万円の増税になります。その他にも、増税になる改正点があり、基礎控除だけ見ても最高税率を適用すると1，760万円の増税になります。

日本の資産家は、不動産の割合が70％を超えているといわれています。相続対策には、様々な手法がありますが、土地の割合が多い日本の資産家にとっては、相続税の圧縮対策としてはやはり土地活用は重要な対策法です。

このような状況下で、めぼしい土地活用方法が見当たりません。資産家としては、頭を抱えるでしょう。そんな地主さんや資産家にとって、「障害者グループホーム」は、社会貢献と地主さんの問題解決が同時にできる土地活用法です。

障害者を持つ親は、そろそろ自分も介護が必要になり、自宅でお世話ができなくなりつつあります。また、将来自分が他界した後、誰が面倒をみてくれるのだろうか。早めにわが子を安心して一生面倒みてくれる場所を探さなければいけないと感じている親も多いでしょう。

親の高齢化で子供の将来に不安を感じています。このような潜在的にニーズを含めると圧倒的に障害者グループホームは不足しています。

本書は、どんな運営会社とパートナーシップを組んだらいいのか、どれくらいの収益性があるのか詳しく解説します。さらに、実例や実際に障害者グループホームを建築した大家さんのインタビューまで記載しています。

障害者グループホームは、高齢者住宅よりも小規模で高利回り、そして圧倒的なニーズがあるので、非常に安全で有利な土地活用法です。

本当に世の中に必要とされるものを地域に提供し、社会貢献しながら地主さんご自身の課題も解決してもらいたいと願うばかりです。

平成28年10月

大谷　光弘

高収益と社会貢献を手に入れる福祉施設投資法―空室なし・家賃下落なし・らくらく賃貸経営の秘策　目次

第2章　大家さんの理解が大前提！　障害者グループホームの入居者像

第3章　障害者福祉と土地活用の基礎知識

第4章　運営会社

第5章　建物のイメージをつかもう！

第6章　家賃設定から管理までを検証する

第7章 資金調達と補助金の活用

第8章 障害者グループホームの大家としての9つのメリット

第9章　実際の収入モデルと成功のポイントをこっそり伝授しよう！

第10章　実際に障害者グループホームを建築した大家さんインタビュー

第11章　障害者を受け入れて空室を解消する方法

第1章　なぜ今、障害者施設なのか

1　グループホームとは

障害者グループホームの概要

グループホームとは、共同生活する場所で、簡単にいうと寮みたいなものです。みなさんに馴染みのあるのは、どちらかというと、認知症の高齢者グループホームではないかと思います。

認知症グループホームの正式名は、「認知症対応型老人共同生活事業」といいます。

5人～9人が1ユニットとなり、1～3ユニットのグループホームで最大27名の人が共同生活をしています。

今回、本書で取り上げるのは、認知症の高齢者ではなく、障害者向けのグループホームになります。正式な事業名は、「共同生活援助事業」といいます。本書では、以下、障害者グループホームと記載します。

① 障害者のグループホームは、1ユニット（1住戸）で2人以上、10人以下。
② 居室の広さは、7・43㎡以上（収納設備等は除く）。
③ 1棟の居室の数は、新築は10人（既存物件の改修の場合は2人以上20人以下。都道府県知事が特に必要と認めた場合：21人以上30人以下）。

④　1室の定員は1人（特に必要と認められる場合は2人）。

障害者グループは、新築では1棟で10床以下での建築になります。平成27年3月までは、新築で1棟で20床の建築ができたのですが、同4月からは大きく建築基準が変更になりました。詳しくは、次の項で述べます。

高齢者認知症グループホームとの違い

認知症のグループホームとは、少し規格が違います。まず、認知症グループホームの部屋は、9人を1ユニットとして2ユニットで18人や3ユニットで27人などの部屋数が一般的です。

認知症のグループホームは、24時間施設に住んでいますが、障害者グループホームの場合は、住んでいる障害の種類や区分によっては、日中は仕事に行っていて不在のグループホームも多く存在します。

設備としては、入居者が住む居室以外に、キッチン・居間・トイレ・お風呂・洗面・洗濯機置き場・事務所（管理室）等があります。

また、土日はスタッフを置かないグループホームや夜間に夜勤や宿直を置くところと置かないところなど、その法人の経営方針や入居している人の障害の程度によって、ケアの仕方が変わります。

基本的なサービス提供の時間帯は、午前6時から午前9時と午後5時から午後10時の合計8時間です。

2　障害者福祉サービスの種類と全体像

障害者をケアするサービスは様々あり、グループホームがどの位置に当たるのかも含めて全体像を確認したいと思います。

障害福祉サービスの種類

①　住まい

・共同生活援助事業（障害者グループホーム）

共同生活を営むべき住居に入居している障害者につき、主として夜間において、共同生活住居において入浴、排せつおよび食事等の介護、調理、洗濯および掃除等の家事、生活等に関する相談および助言、就労先その他関係機関との連絡、その他の必要な日常生活上の世話を行います。

②　訪問

・居宅介護

主に自宅で居宅において、入浴、排せつおよび食事等の介護、調理、洗濯および掃除等の家事並びに生活等に関する相談および助言、その他の生活全般にわたる援助を行います。

【図表１　障害者サービス全体像】

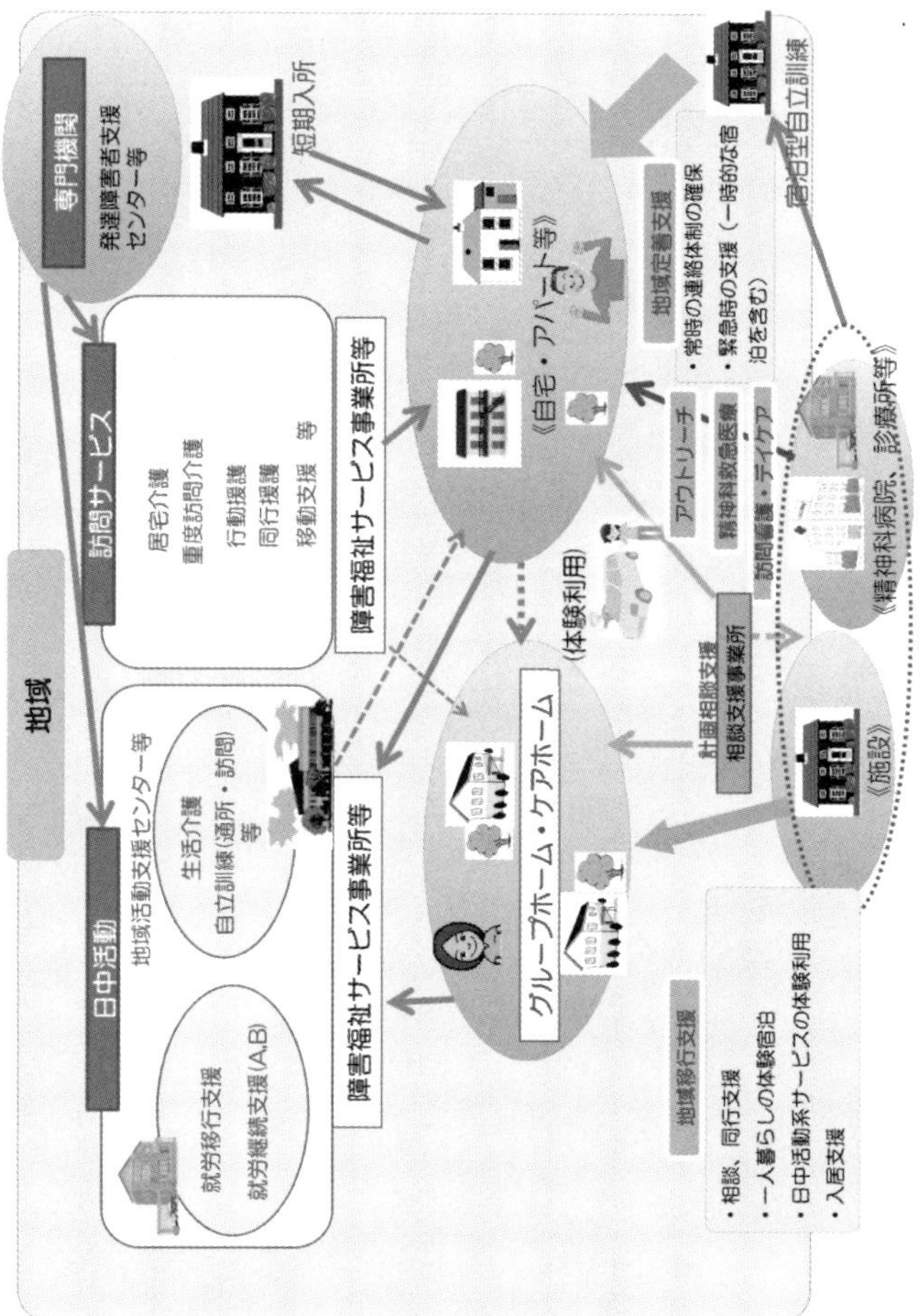

出所：厚生労働省「障害者の地域生活の推進に関する議論の整理　参考資料」より

・重度訪問介護

重度の肢体不自由者で常に介護を必要とする方に、居宅において、入浴、排せつおよび食事等の介護、調理、洗濯および清掃等の家事や生活等に関する相談および助言、その他生活全般にわたる援助並びに外出時における移動中の介護を総合的に行います。

・行動援護

障害者等が行動する際に生じ得る危険を回避するために必要な援護、外出時における移動中の介護、排せつおよび食事等の介護、その他行動する際に必要な援助を行います。

・同行援護

視覚障害により、移動の著しい困難を有する障害者等につき、外出時において、同行し、移動に必要な情報を提供するとともに、移動の援護、排せつおよび食事等の介護、その他外出する際に必要な援護を適切かつ効果的に行います。

・移動支援

単独で外出が困難な障害者が外出する場合に、ヘルパーが付き添う移動の支援を行います。

③　通い

・生活介護

障害者支援施設その他の以下に揚げる便宜を適切に供与することができる施設において、入浴、排せつおよび食事等の介護、創作的活動または生産活動の機会の提供、その他必要な援助を要する

【図表２　障害者グループホーム設備・人員基準】

区分	介護サービス包括型	外部サービス利用型
管理者	常勤1人（管理業務に支障がない場合は他の職務の兼務可）	
サービス管理責任者	●利用者数：30人以下：1人以上 ●利用者数：31人以上：1人に、利用者数が30人を超えて30又はその端数を増すごとに1人を加えて得た数以上 （常勤でなくて可）	
生活支援員	次の①～④を合算した数以上 （常勤換算） ①区分3の利用者数を9で除した数 ②区分4の利用者数を6で除した数 ③区分5の利用者数を4で除した数 ④区分6の利用者数を2.5で除した数	配置しなくてよい
世話人	常勤換算で、利用者数を6で除した数以上	
定員　事業所	4人以上	
定員　共同生活住居	新規建物2～10人、既存建物2～20人 （サテライト型1人※）	
定員　ユニット	2人以上10人以下	
立地条件	入所施設及び病院の敷地内は不可（地域移行型ホームを除く）	
居室面積	7.43 ㎡以上（収納設備等を除く）	
居室定員	1人（特に必要と認められる場合は2人）	
設備	ユニット（サテライト型住居）毎に複数の居室、居間、食堂、便所、浴室、洗面所、台所が必要。利用者の特性に応じて工夫されたものであること さらに、サテライト型住居の場合、利用者から適切に通報を受けることができる通信機器（携帯電話可）	
従業者以外の介護	—	外部委託可 （身体介護を伴うものに限る）
協力医療機関、協力歯科医療機関	必要	

※サテライト形住居の入居定員は、本体住居の入居定員には含まない（事業所の利用定員には含む）

出所：愛知県健康福祉部障害福祉課「障害者総合支援法に係るグループホーム指定申請マニュアル」より

障害者であって、常時介護を要するものにつき、主として昼間において、入浴、排せつおよび食事等の介護、調理、洗濯および掃除等の家事並びに生活等に関する相談および助言、その他日常生活上の支援、創作的活動または生産活動の機会の提供、身体的機能または生活能力の向上に必要な援助を行います。

・自立訓練（通所・訪問）（機能訓練）

身体障害を有する障害者に対して、障害者支援施設もしくはサービス事業所に通わせ、障害者支援施設もしくはサービス事業所または障害者の自宅を訪問することによって、理学療法、作業療法その他必要なリハビリテーション、生活等に関する相談および助言その他の必要な支援を行います。

④ **生活訓練**

知的障害者または精神障害者を有する障害者に対して、障害者支援施設もしくはサービス事業所に通わせ、または自宅を訪問することによって、入浴、排せつおよび食事等に関する自立した日常生活を営むために必要な訓練、生活等に関する相談助言、その他の必要な支援を行います。

・療養介護

病院において機能訓練、療養上の管理、看護、医学的管理の下における介護、日常生活上の世話その他必要な医療を要する障害者であって、常時介護を必要とする者につき、主として昼間において、病院で行われる機能訓練、療養上の管理、看護医学的管理の下における介護および日常生活上の世話を行います。また、療養介護のうち医療にかかるものを療養介護医療として提供します。

⑤ **泊まり**

・短期入所（通称：ショートステイ）

居宅においてその介護を行う者の疾病その他の理由により、障害者支援施設、児童福祉施設その他の以下に掲げる便宜を適切に行うことができる施設等へ短期間の入所を必要とする障害者を短期間の入所をさせ、入浴、排せつ、食事その他の保護を行います。

⑥ **入所**

・施設入所支援

施設入所する障害者につき、主として夜間において、入浴、排せつおよび食事等の介護、生活等に関する相談および助言、その他の必要な日常生活上の支援を行います。

⑦　仕事

・就労移行支援

就労を希望する65歳未満の障害者であって、通常の事業に雇用されることが可能と見込まれる者につき、生産活動、職場体験その他の活動の機会の提供等、就労に必要な知識および能力の向上のために必要な訓練、求職活動に関する支援、その適正に応じた職場の開拓、就職後における職場の定着のために必要な相談、その他必要な支援を行います。

・就労継続支援Ａ型

企業等に就職することが困難な者につき、雇用契約に基づき、継続的に就労することが可能な65歳未満の者に対し、生産活動その他活動の機会の提供、その他就労に必要な知識および能力向上のために必要な訓練や支援を行います。

・就労継続支援Ｂ型

通称の事業所に雇用されることが困難な障害者のうち、通常の事業所に雇用されていた障害者であって、年齢、心身の状態その他の事情により、引き続き当該事業所に雇用されることが困難となった者、就労移行支援によっても通常の事業所に雇用されることに至らなかった者、その他通常の事業所に雇用されることが困難な者につき、生産活動その他の活動の機会の提供、就労に必要な知識および能力の向上のために必要な訓練、その他必要な支援を行います。

⑧　その他・包括

・重度障害者等包括支援

重度の障害者等に対し、居宅介護、同行援護、重度訪問介護、行動援護、生活介護、短期入所、共同生活介護、自立訓練、就労移行支援および就労継続支援を包括的に提供します。

⑨　治療

病院

クリニック（診療所）

3　障害者グループホームの歴史

グループホームとケアホームの一元化

障害者グループホームは、以前はケアホームとグループホームに分かれていました。それが平成26年4月に1本化され「グループホーム」に統一されました。

グループホームは介護を要しない者に対し、家事等の日常生活上の支援を提供する共同生活の場

【図表３　ケアホームとグループホームの一元化の概要】

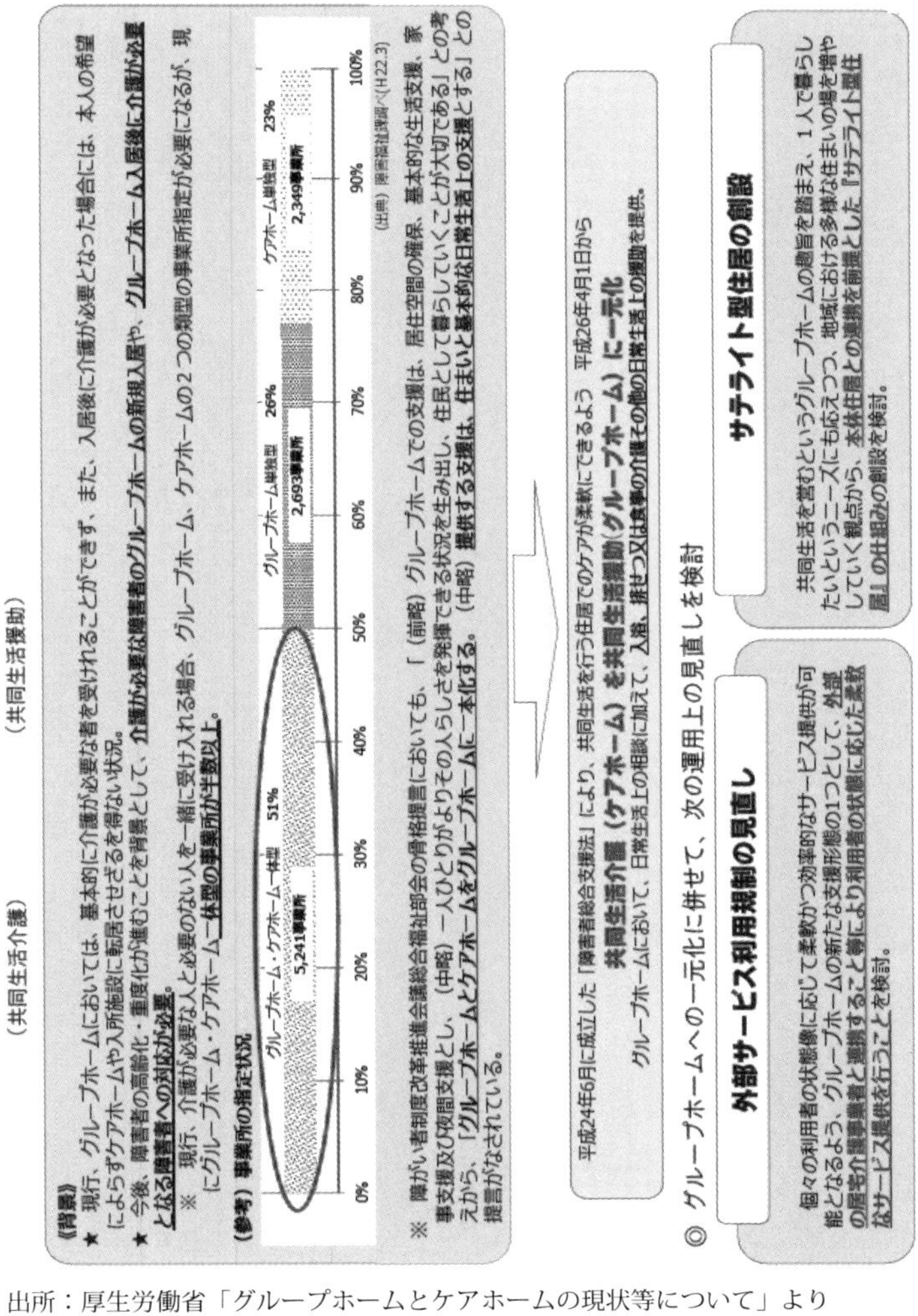

出所：厚生労働省「グループホームとケアホームの現状等について」より

であり、ケアホームは介護を必要とする者に対し、食事や入浴、排せつ等の介護を併せて提供する場でした。

ケアホームとグループホームの違いを一言でいうと、ケアホームのほうが障害の重い人が多く、グループホームのほうが障害が軽い人が多いということです。

一元化された背景は、グループホームにおいては、基本的に介護が必要な者を受け入れることができず、また、入居後に介護が必要となった場合、本人の希望によらずケアホームや入所施設に転居させざるを得ない状況であったことが挙げられます。

今後、障害者の高齢化・重度化が進むことを背景として、介護が必要な障害者のグループホームの新規入居や、グループホーム入居後に介護が必要となる障害者への対応が必要となります。

当時は、介護が必要な人と不要な人を一緒に受け入れる場合、グループホーム、ケアホームの2つの類型の事業所指定が必要になっていました。しかし、実際には、グループホーム、ケアホーム一体型の事業所が半数以上になっていたため、分けることの合理性を欠いている状況になっていたことがあります。

4　障害者サービスの需要

障害者の人口は、図表4、5のように増加していることがわかります。これに伴って、障害者福

【図表４　障害者の人口】

		総数	在宅者	施設入所者
身体障害児・者	18歳未満	9. 8万人	9. 3万人	0. 5万人
	18歳以上	356. 4万人	348. 3万人	8. 1万人
	合計	366. 3万人(29人)	357. 6万人(28人)	8. 7万人(1人)
知的障害児・者	18歳未満	12. 5万人	11. 7万人	0. 8万人
	18歳以上	41. 0万人	29. 0万人	12. 0万人
	年齢不詳	1. 2万人	1. 2万人	0. 0万人
	合計	54. 7万人(4人)	41. 9万人(3人)	12. 8万人(1人)

		総数	外来患者	入院患者
精神障害者	20歳未満	17. 8万人	17. 4万人	0. 4万人
	20歳以上	305. 4万人	272. 5万人	32. 9万人
	年齢不詳	0. 6万人	0. 5万人	0. 1万人
	合計	323. 3万人(25人)	290. 0万人(23人)	33. 3万人(3人)

注１：(　) 内数字は、総人口1,000人あたりの人数（平成17年国勢調査人口による）。
注２：精神障害者の数は、ICD10（国際疾病分類第10版）の「V 精神及び行動の障害」から精神遅滞を除いた数に、てんかんとアルツハイマーの数を加えた患者数に対応している。
注３：身体障害児・者の施設入所者数には、高齢者関係施設入所者は含まれていない。
注４：四捨五入で人数を出しているため、合計が一致しない場合がある。

【図表５　障害者の推移】

障がい種類別障がい者数		総数	増加率	在宅者	１８歳以上 ６５歳未満	施設入所者 更正施設 入院患者
身体障がい児・者	平成１３年	３５１．６万人	10.6%	３３２．７万人	１２４．６万人	１８．９万人
	平成１８年	３６６．３万人	4.1%	３５７．６万人	１２１．８万人	８．７万人
	平成２３年	３９３．７万人	7.4%	３８６．４万人	１２３．６万人	８．７万人
知的障がい児・者	平成１２年	４５．９万人	9.7%	３２．９万人	２１．２万人	１３．０万人
	平成１７年	５４．７万人	19.2%	４１．９万人	２７．４万人	１２．８万人
	平成２３年	７４．１万人	35.4%	６２．２万人	５７．８万人	１１．９万人
精神障がい者	平成１４年	２５８．４万人	19.0%	２２３．９万人	１４８．７万人	３４．５万人
	平成２０年	３２３．３万人	25.1%	２９０．０万人	１８０．９万人	３３．３万人
	平成２３年	３２０．１万人	-0.01%	２８７．８万人	３０１．１万人	３２．３万人

出所：図表４、５とも　内閣府「障害者白書　平成24年版」より

【図表６　障害福祉サービスの利用者の推移】

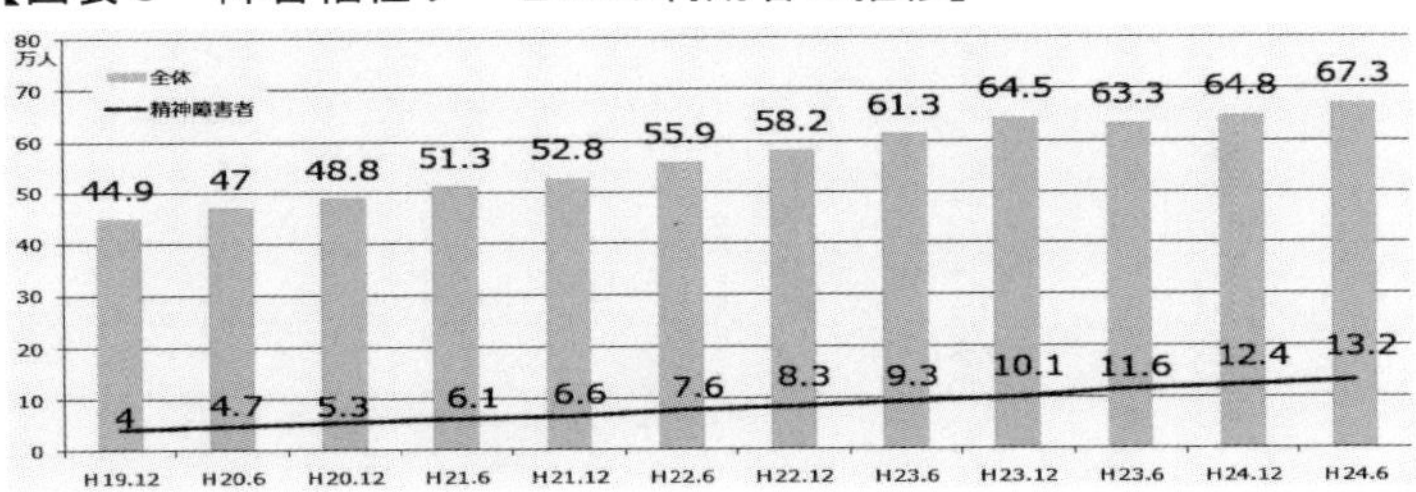

出所：船井総研セミナー資料より

祉サービスの利用者数も図表6のように年々増えているのがわかります。

5　毎年9，000人増加するグループホームの利用者

障害者グループホームの需要と供給では、圧倒的に需要が多く供給が少ないといわれています。その主な理由は、次のとおりです。

① 障害者の人口が増えていること。
② 障害者の親が高齢者になってきて、家で面倒が見られなくなってきていること。
③ 行政も施設からグループホームでケアしていく（地域移行をしていく）方針であること。
④ 通常の賃貸住宅の一部を借りて障害者グループホームにする場合、なかなか大家さんが了解してくれず、借りられないこと。

厚生労働省の障害福祉計画においても、全国でグループホーム・ケアホームを平成17年度の3・4万人分から平成23年度に8・3万人分に増やす計画がありました。

障害者グループホームの利用者は、平成17年から平成23年までの6年間で71，000人にまで増えました。そして、推計で平成26年までに98，000人に増えると厚生労働省は予想しています（図表7参照）。

この推計どおりに増えれば、平成17年から平成26年の間でグループホームの利用者は約2・9倍

【図表７　グループホーム・ケアホームの利用者数・見込量の推移】

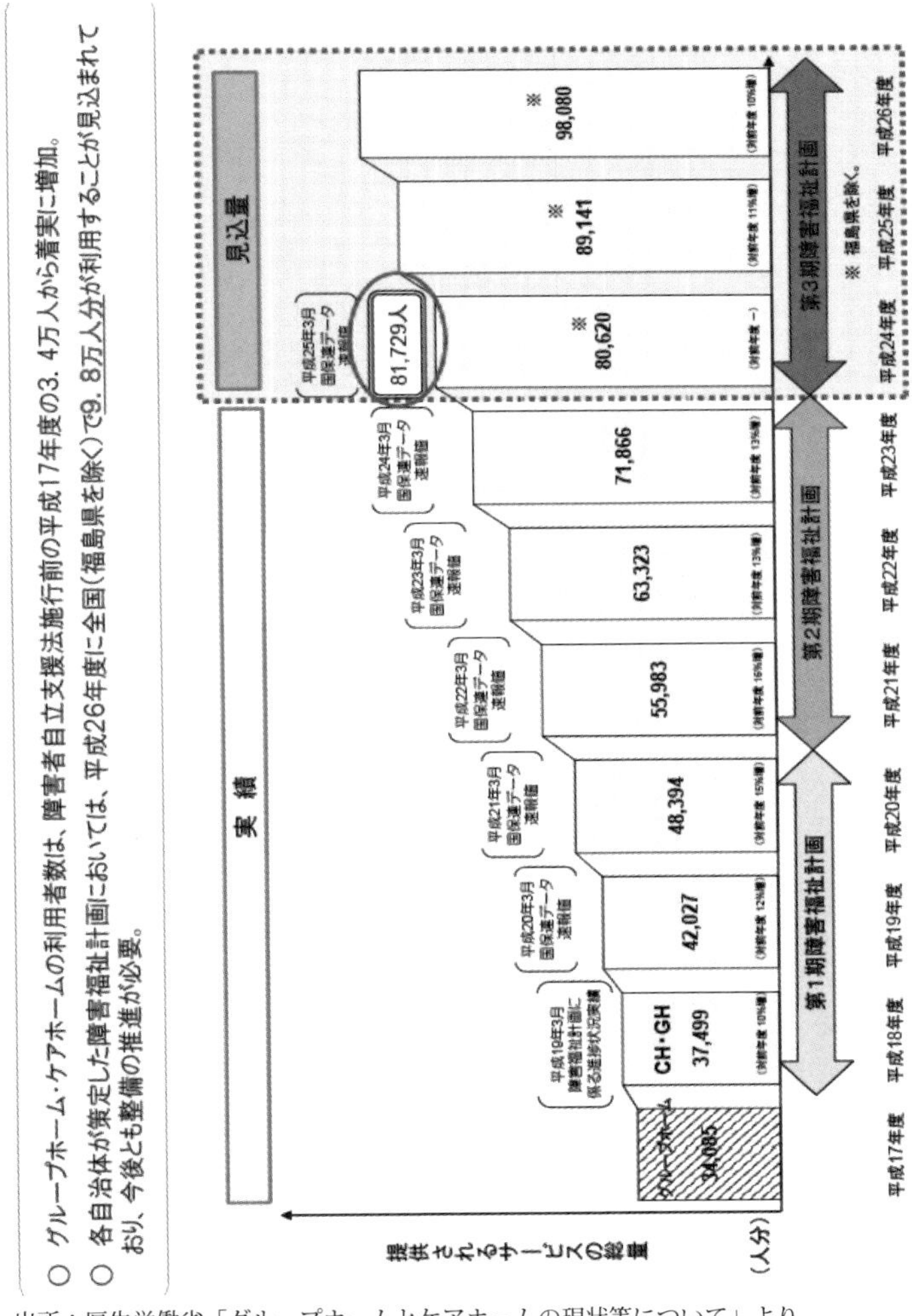

出所：厚生労働省「グループホームとケアホームの現状等について」より

に増えることになり、平成24年～26年の推計では年間に9，０００人も利用者が増えるとしています。実際に、平成26年では10万人にまで増えました。今後、さらに整備を促進していくことが求められています。

9，０００人を新築の棟数で換算すると、仮に1棟で10室と考えると、全国で９００棟程度の需要があり、整備が急務であると考えられます。

筆者は、この1年半で１００室以上のグループホームを供給してきました。その建築したグループホームを観察していますと、地域の特性や運営事業者さんの営業力によって違いはありますが、多くの施設が半年程度で満室になります。

運営事業者さんに話を聞くと、1か月に、少ないときで1人、多いときで4人くらいが入居してこられるようです。

6　人口の6％が障害者

日本では、既に人口の減少が始まっていますが、障害者の人口推移はどうなっていると思いますか。実は、毎年増え続けているのです。

平成22年の内閣府の国勢調査による障害者の人口は７８７・9万人です。人口の約６％が何らかの障害を持っていることになります。

ちなみに老人の要介護・要支援認定者数は、図表８のように推移しています（平成25年1月現在

【図表８　要介護度別認定者数の推移】

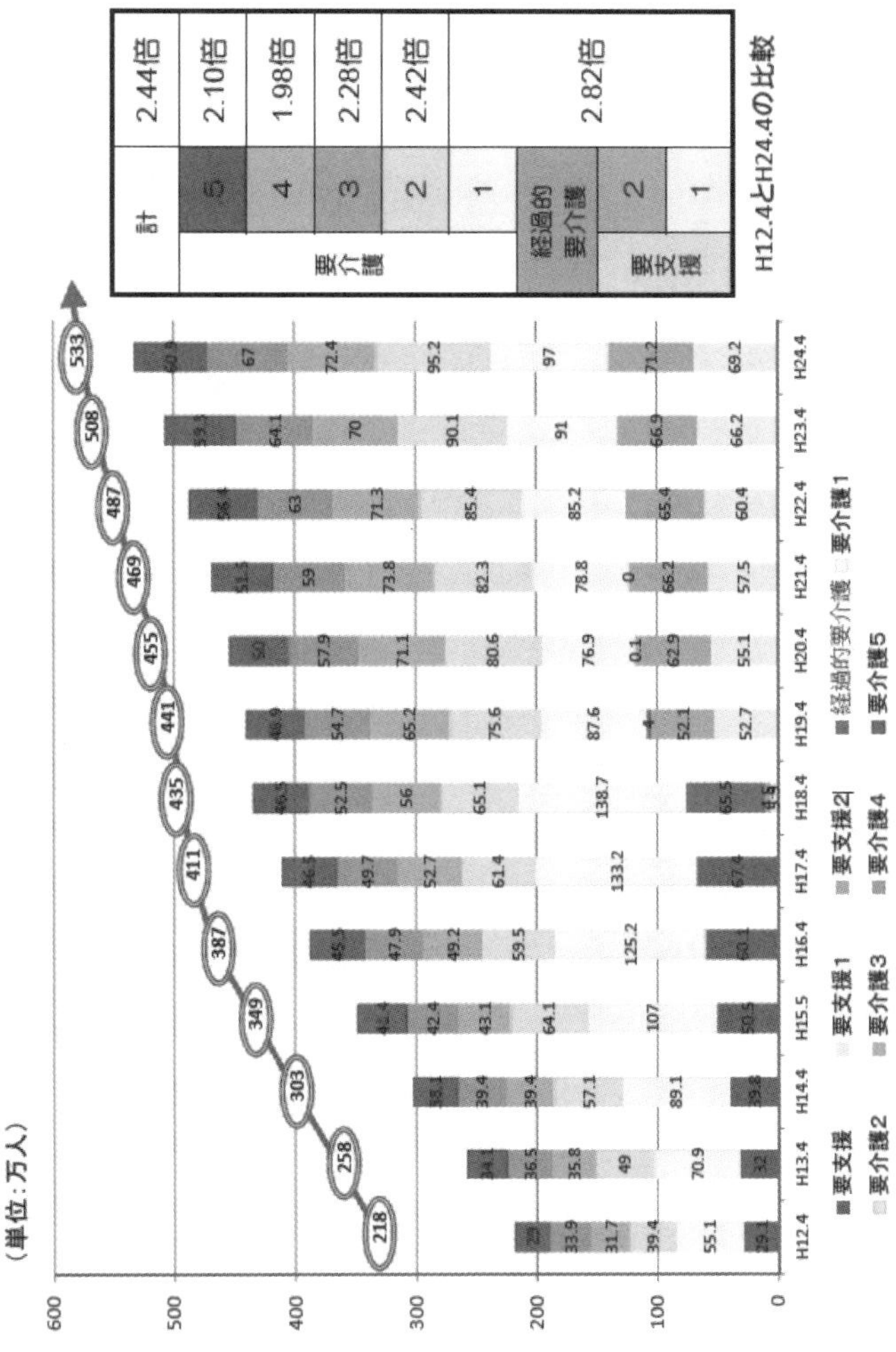

出所：厚生労働省「介護保険事業状況報告　月報」より

では、554・5万人。厚生労働省調べ）。

これを単純に比較すると、障害者手帳を持っている人のほうが、高齢者で要介護・要支援認定を受けている人より多いことがわかります。

平成12年に介護保険制度ができてから、障害者のケアより老人介護のほうがクローズアップされてきたように感じます。

7　障害者グループホームは不足

平成23年3月、厚生労働省が第3期障害福祉計画を各都道府県に作成させるための参考資料として、国保連のサービス利用状況の資料が配られたそうです（図表9）。

そのときの関連資料では、筆者の住んでいる愛知県は障害者グループホームの普及が全国で2番目に低いということでした。

全国平均で当時の10万人当たりの障害者グループホームの利用は56・6人のところ、愛知県は28・5人ということで半分以下の普及率でした。

ちなみにワーストワンは埼玉県とのことです（平成25年10月28日愛知県大村知事インタビュー・図表10、平成25年11月6日読売新聞より）。

そこから愛知県では、平成22年度末のグループホーム2，266人から倍増して平成26年度末ま

【図表９　障害者福祉サービス利用者数（人口 10 万人当たり）】

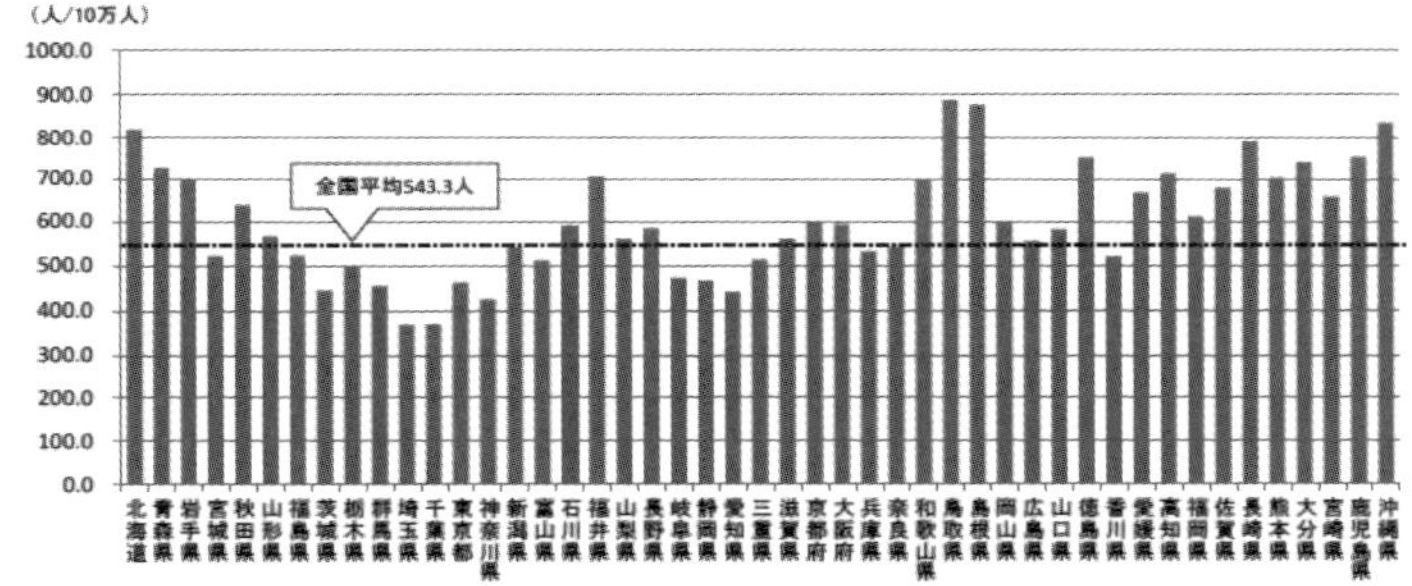

出所：厚生労働省「障害福祉サービス、障害児給付費等の利用状況について」
　　　総務省「平成 22 年度国勢調査」

【図表 10　グループホーム建築規制緩和等の報道記事】

グループホーム建築規制緩和　県方針２階建て以下、寄宿舎適用免除

障害者を対象にした介助・援助付きの住居サービス「グループホーム」に関し、県は、既存の戸建て住宅を活用しやすくするために建築基準法に基づく規制を緩和する方針を固めた。愛知県の人口当たりのサービス利用者数は全国的にも少なく、規制緩和によって整備を促進したい考えだ。(志磨力)

県によると、グループホームの利用者数は人口10万人当たり28・5人と全国平均(56・6人)を大幅に下回り、埼玉県に続いて全国ワースト2位。県は2014年度の定員数を10年度末の2266人から2倍の4532人とする目標を定めているが、受け入れ施設の不足が課題となっている。

これまで戸建て住宅を活用する場合、建築基準法で「寄宿舎」の扱いとなることが同法に基づく申し合わせで決まっていた。このため、防火用間仕切り壁の設置や敷地内の通路幅の確保などが必要で、大規模改修によるコストが施設整備が進まない一因となっていた。

県は今年5月から、福祉や建築、消防分野の専門家らによる有識者会議で問題を協議。その結果、地上2階以下、延べ面積200平方メートル未満の建物に関し、「寄宿舎」の適用規定を免除する案をまとめた。

具体的には、間仕切り壁の設置が必要なくなるほか、通路の幅(1・5メートル以上)やバルコニーの手すりの高さ(1・1メートル以上)などの適用を除外した。工事費は一戸あたり約200万円から約20万円に削減されるという。一方で、年3回以上の避難訓練を実施するなどソフト面での安全確保策を充実させるよう求めることにしている。

県によると同法の規制緩和は福島、鳥取両県に続いて3例目。大村秀章知事は「既存の戸建て住宅の活用需要はある。安全対策を徹底しながら、障害のある方々の住まいを確保していきたい」と語った。

出所：2013 年 11 月 6 日　読売新聞

では4，532人に増やすように目標を掲げました。

その対策の一部として、補助金を出したり、100㎡以下の2階建ての建物は寄宿舎でなくてもグループホームができるように緩和しました（名古屋市は除く）。

平成26年3月の国保連のデータを見れば、倍増まではいきませんでしたが、3，270床までは増えた計算です（グループホームと旧ケアホーム含む）。

もっとも、4年で1，100床ほどしか増えないので、まだまだ愛知県では不足しています。

8　障害者グループホームが不足している理由

介護事業への報酬との差

どうしてグループホームが不足しているのかという公式な厚生労働省の文書はありませんが、一番の理由は、介護事業者や福祉事業者が受け取る報酬体系の差にあると思います。

介護や福祉の仕事の収入の仕組みは、次のようになっています。

介護事業者は、国（国保連）から1人の老人に介護サービスをして受け取れる介護報酬が決まっています。

福祉事業についても、福祉事業者が国（同じく国保連）から受け取ることのできる支援費が決まっ

【図表 11－①　介護サービス利用者の費用負担等】

居宅サービスの１か月当たりの利用限度額

居宅サービスを利用する場合は、利用できるサービスの量（支給限度額）が要介護度別に定められています。

限度額の範囲内でサービスを利用した場合は、1割（一定以上所得者の場合は2割）の自己負担です。
限度額を超えてサービスを利用した場合は、超えた分が全額自己負担となります。
（1か月当たりの限度額：右記表のとおり）

要支援1	50,030 円
要支援2	104,730 円
要介護1	166,920 円
要介護2	196,160 円
要介護3	269,310 円
要介護4	308,060 円
要介護5	360,650 円

【図表 11－②　障害者グループホーム給付費】

障害区分の人数分の給付費を障害福祉事業者は国保連から受け取ることができます。
※４人で１人～６人の世話人、夜間の支援体制で給付費は変動します。

障害区分	1日の給付費	30日換算した場合
区分1	2,570円	77,100円
区分2	2,940円	88,200円
区分3	3,830円	114,900円
区分4	4,490円	134,700円
区分5	5,280円	158,400円
区分6	6,450円	193,500円

ています。

図表11－①、11－②のように、介護は５段階、障害者の場合は６段階の報酬が決められています。

介護は、要介護１～要介護５で数字が大きくなればなるほど介護の必要性が高く、介護サービスがたくさん必要になるために、介護サービスがたくさん使える仕組みになっていて、そのサービスを提供した分だけ介護事業者は介護報酬を受け取ることができます。

特別養護老人ホームや介護付き有料老人ホームなどは、サービス提供の内容に関係なく、要介護のランクに応じた金額がそのまま収入になります。

障害者の場合も基本的に同じ考え方ですが、金額の差が大きいのです。

仮に中間をとって要介護３と区分３の金額を比べてみると、要介護３で２６９，３１０円、区分３で１１４，９００円です。

ともに20床として満額で計算すると、老人ホーム系は26万円×20人で520万円であるのに対し、障害者グループホームは11万円×20人で220万円となります。比べると倍の差が出るわけです。

また、障害者をケアする他の事業（デイサービスや就労支援事業）と比べても報酬が少なく、福祉事業者に不利な事業になっているともいわれています。

これまでは高齢者にスポット

その他に障害者グループホームが増えない理由は、今までは政治的にも老人の増加にスポットライトが当てられていて、障害者に目が向けられていなかったということもあります。

老人介護の世界には「2025年問題」という言葉があります。これは、2025年には75歳以上の後期高齢者が2，200万人（前期高齢者を含めると3，500万人）にまで増加し、4人に1人が後期高齢者になると推計されています。

これにより、老人施設の整備計画が進められたり、サービス付き高齢者住宅の建築資金に補助金が出たりという施策が打ち出されました。

もちろん、障害者福祉にも施策はあるのですが、やはりそこまで注目されてはいません。国というより、市町村単位の地域での政策が多いように思います。

同じ厚労省管轄ですが、随分温度差を感じますし、予算がある地域とそうでない地域では補助金の内容や額にかなり差があると感じます。

9　障害者グループホーム事業のライフサイクル

S字曲線を見てみると

すべての事業には、導入期や成長期、安定期（成熟期）、衰退期があります。これをS字曲線といったり、成長曲線といったりします。このS字曲線を見ると、今後その事業がどれくらい続けられるのかをある程度予測できます。

例えば、アパートやマンションの場合は、同潤会代官山アパートが昭和2年に完成したので、昭和元年頃からスタートし、昭和21年までが導入期、昭和21年の戦後の農地改革から昭和50年代後半くらいまでが成長期です。この間に昭和48年に市街化農地の宅地並み課税が始まりました。

その後、昭和60年のプラザ合意から平成18年の人口減の始まりまでが成熟期、昭和62年が借家着工数８８７，０００戸でピークです。平成18年以降が衰退期に入って行き、平成22年には借家着工数は29万戸まで落ち込んでいます。

アパート・マンションの場合は、市街化区域の宅地並み課税やバブル経済による土地価格の上昇による相続対策などで、成長期は導入期や成熟期より少し長くなりました。

成長期の合図は、大手企業が参入してきたときです。

このように導入期の長さがわかると、その事業の全体の長さがおよそ予測できます。

障害者グループホームの成長曲線

それでは、障害者グループホームは、現在どのような位置にあるのでしょうか。

障害者グループホームが最初に設置されたのは平成元年（１９８９年）、国の制度としてスタートしています。それ以前にでも「共同ホーム」という名称で全国で運営されていたようです。

２００６年（平成18年）に「障害者自立支援法」によりケアホームとグループホームに色分けさ

【図表12　障害者グループホームのＳ字曲線】

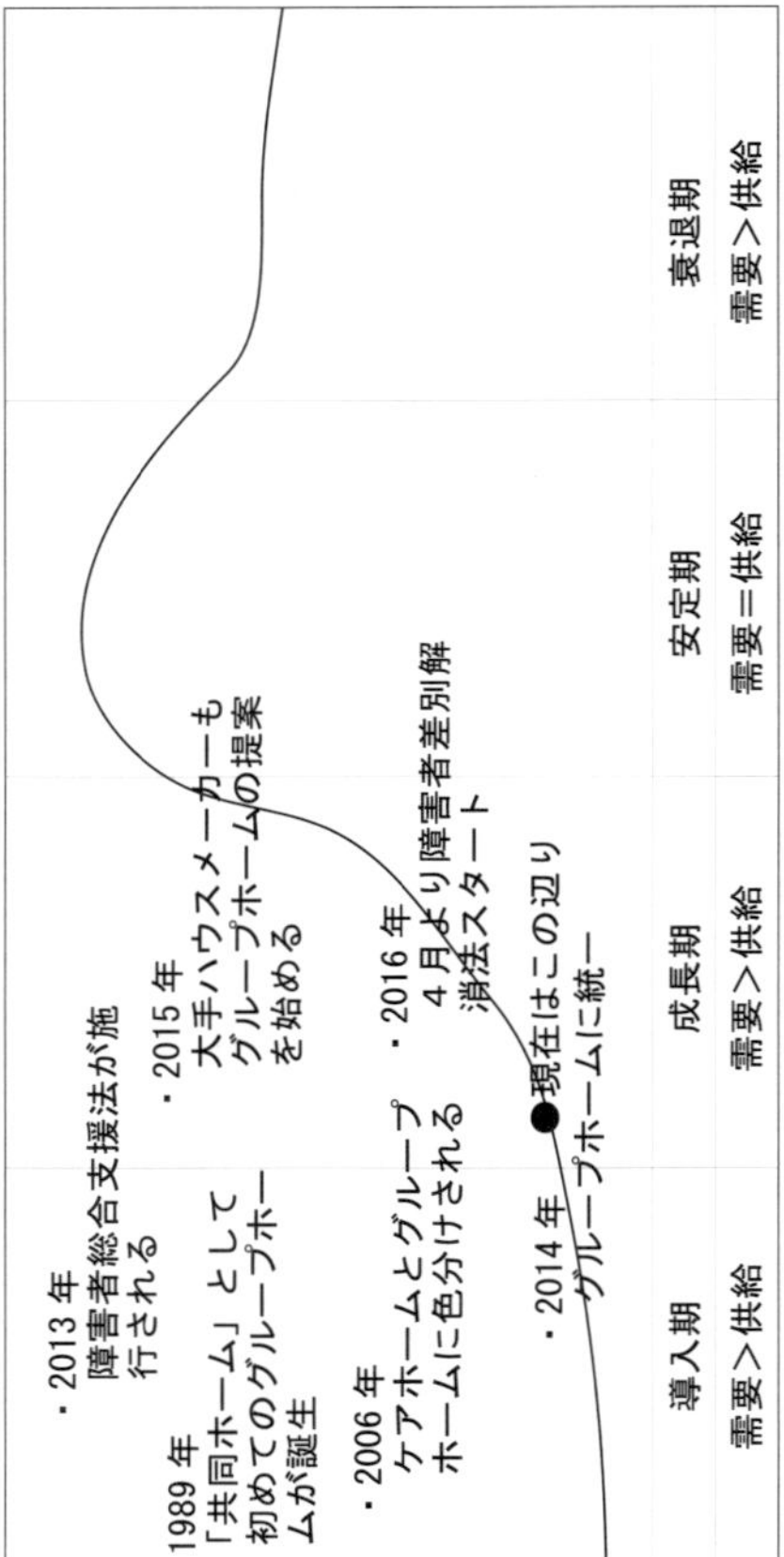

れましたが、２０１４年（平成26年）に再度グループホームに統一されました。

２００９年（平成21年）、２０１０年（平成22年）は、グループホームが前年比15％以上の増加をしていることや、２０１５年（平成27年前後）から大手ハウスメーカーも建築提案を始めていることから、導入期は１９８９年から２０１０年くらい、もしくは１９８９年から２０１５年くらいまでと思われます。現在は２０１６年ですから、成長期に入ったところということができます。

導入期は20年〜25年ありますので、衰退期に入るまでにはまだ30年以上の期間があると予測できます。

そういう意味では、現在、この事業に参入する時期としては悪くないタイミングだと思います。

そうなると、長く見た場合は各期間25年になりますから、成長期で残り20年、安定期で25年ですから合計45年。各期間を短く20年でみた場合、成長期で残り15年と安定期で20年ですから合計35年。衰退期に至るまでにまだ35年以上はありますので、そういう意味では今からないし２０２６年くらいまでは、参入時期としては非常にいいタイミングといえるでしょう。

事業というのは、その事業に対するスキルよりも、その参入タイミングが非常に大切だといわれています。導入期は、その事業を知っている人自体が少なく、なかなか売れなかったりしますし、衰退期では、飽きられて売れなかったりします。逆に成長期は波に乗っているのでとても成功しやすいといわれています。

成長曲線を見極めて、今どの事業に参入すべきかを検討すべきです。

第１章のまとめ

① 障害者グループホームとは障害者の共同生活する住まい。
② 新築は1棟10室で1部屋は7・43㎡以上。
③ 高齢者の認知症グループホームとは違う。
④ 障害者サービスには、訪問系の訪問サービスや日中の仕事や訓練、デイサービスなどの通所系などがある。
⑤ 人口の約６％は障害者。
⑥ 毎年、障害者サービスの利用者が増えており、障害者グループホームも9，０００人ずつ利用者が増えている。
⑦ グループホームはケアホームとグループホームに分かれていた時期があり、現在はグループホームに一元化されている。
⑧ 全国的にまだまだグループホームは不足している。
⑨ 不足しているのは介護事業とくらべ運営事業者の収益性が低いことと、老人介護に注目がまっていたためである。
⑩ 障害者グループホームは事業のライフサイクルからいうと成長期は入ったばかりで参入時期としては理想的である。

第2章　大家さんの理解が大前提！

障害者グループホームの入居者像

1　障害の種類

障害の種類は、次の3つです。

① 身体障害
② 知的障害
③ 精神障害

身体障害は、体のどこかに機能的な障害がある人。これは、みなさんよくイメージができると思います。しかし、②、③の違いは、わからない方が多いのではないでしょうか。

知的障害は、先天的または出生時に脳に何らかか原因で障害を受け、学習やコミュニケーション等に問題が生じている人です。よく知られている症状としては、ダウン症や自閉症があります。

精神障害は、後天的に薬物やストレス等により思考や気分にも問題が生じている人。よく知られている症状では、躁鬱病などがあります。知的障害者で精神障害を併せ持っている人もいます。

筆者が、今回、読者におすすめしたいのは、知的障害者と精神障害者向けのグループホームです。

ここで、昔のケアホームとグループホームの入居者の障害の種類を見てみましょう。

図表13をご覧ください。グループホーム入居者は、平成25年3月において48%が知的障害者で、49%が精神障害者です。身体障害者は3%しかいません。

【図表 13　グループホーム・ケアホームの障害種類別利用者数の推移】

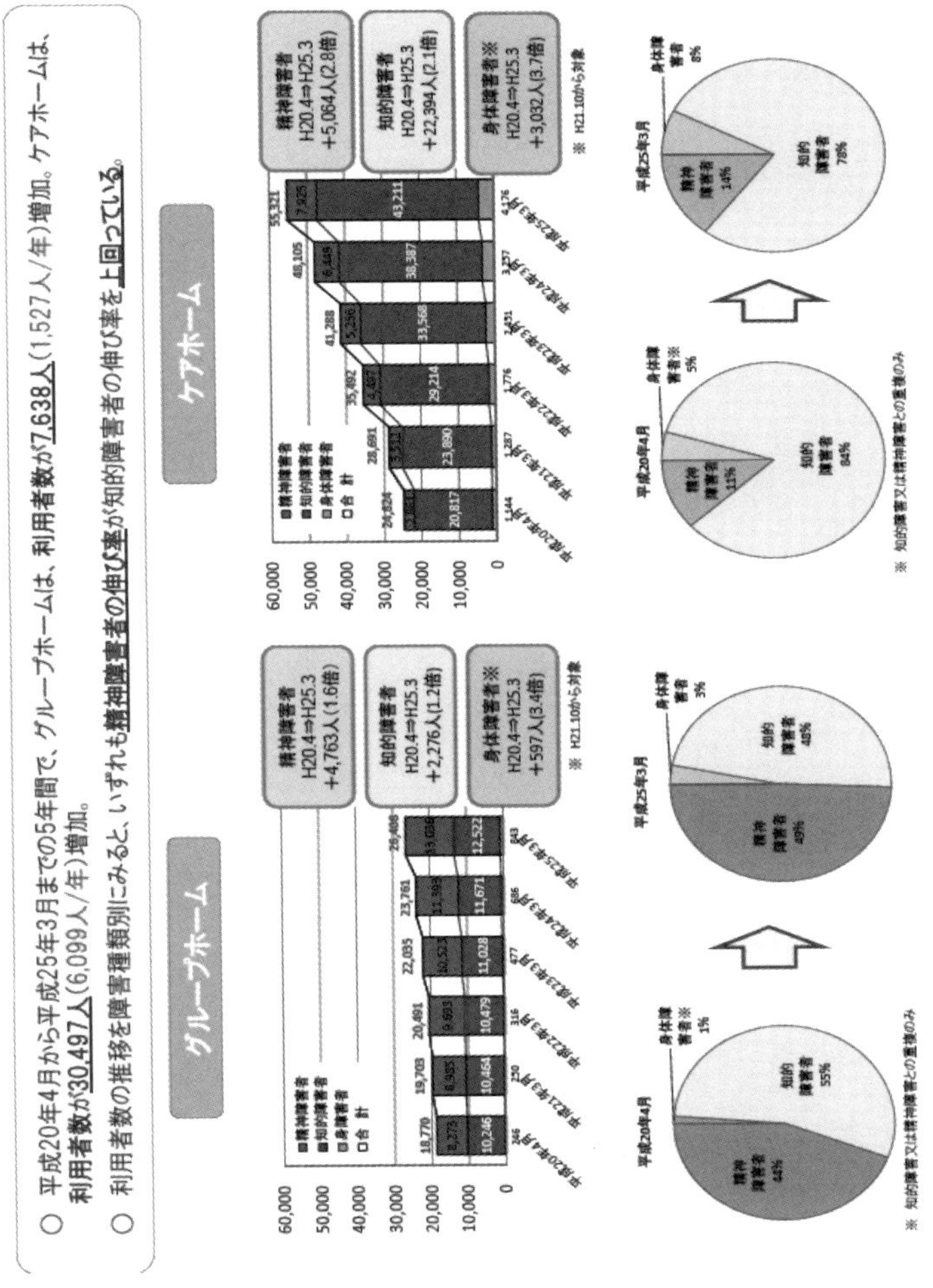

出所：国民健康保険団体連合会

旧ケアーホームの入居者は、75％が知的障害者で、14％が精神障害者です。身体障害者は8％です。ということは、多くの需要が知的および精神障害者だということです。これは、身体障害者は、精神や脳は通常に機能しているため、車椅子等の環境さえ整えれば、仕事もできるし、自宅での生活も多くの方ができるからだと思われます。ただ、一部の重い身体障害者で自宅では生活が困難な方のみが、グループホーム、（旧）ケアホームに入居している状況です。

また、一部には身体障害者用のグループホームも必要になりますが、大家さんが建築して貸すというモデルでは、大家さん側の負担が大きくなり過ぎて、なかなか事業としては成り立ちにくいという側面もあります。

これらのことを勘案すると、知的および精神障害者向けのグループホームは、大家さんが建てて貸すというモデルとしては合っていると思います。

2　入居者のライフスタイル

グループホームのサービス提供時間帯

グループホームに住む入居者の方々は、概ね知的障害者と精神障害者の方が多いと記載しました。

それでは、どのような生活をしているかといいますと、平日は、まず朝起きて、みんなで食事を

【図表14　障害者グループホームの１日の行動スケジュール】

- ７：00～　起床　朝食・日中活動へ行く準備
- ９：00～　日中活動へ（Ｂ型就労　Ａ型就労等へ）
- 17：00～　日中活動から帰宅　食事　入浴　自由時間等
- 22：00～　就寝

します。そして、昼間は、仕事に行きます。それから、夕方に帰ってきて、また食事をして、10時には就寝というスケジュールです。

土日は、基本的に仕事が休みなので、実家に帰る人やグループホームで自由に過ごす人、外出する人がいます。また、グループホームのイベントとして、メンバーでまとまって動物園や水族館に出かけたりします。

ですから、食事時には、世話人の方が来て食事の準備をします。夜は、お風呂の順番を整理し、入浴や洗濯の順番整理、薬や火の元の管理をしたりします。朝は、起床の呼びかけをしたりします。グループホーム（共同生活支援事業）としても、サービス提供は８時間ですので、午後５時くらいから夜10時までと朝の３時間となります。

受入れ側の対応

人件費の観点から、昼間は誰もグループホームにいないという状況をつくるのが運営会社にとっては重要なことの１つです。

夜の10時から翌朝の６時までは、夜勤か宿直を置いているところが多いです。一部には、外部の緊急対応窓口を利用しているところもあります。

土日は、人を配置している施設と誰もいない施設とあります。これは、入居している人の障害の程度と福祉事業者の経営方針によります。

逆にいうと、こういう体制をとりますので、こういう障害者なら入居できます、と最初から対象を絞っているグループホームも少なくありません。

これは、スタッフのレベルや勤務体制、人員の確保によって様々です。

軽い障害者しか預かれないグループホームと、重い障害者でも預かれるグループホームがあるということです。

その他には、鍵を渡しても自分で帰ってこれる人と、1人で外出してしまうと帰り道がわからなくなって帰れなくなってしまう人もいます。後者の方は、1人では外出できませんので、サポートが必要です。

このように、障害の種類もさることながら、同じ種類でも、人によって症状が違いますので、運営は楽ではありません。

3　入居者の年齢層

入居者の年齢層

入居者の年齢は、高齢者の施設と違って10代から入居する人もいます。図表15を見てください。

【図表 15　グループホーム・ケアホーム利用者の年齢構成の推移】

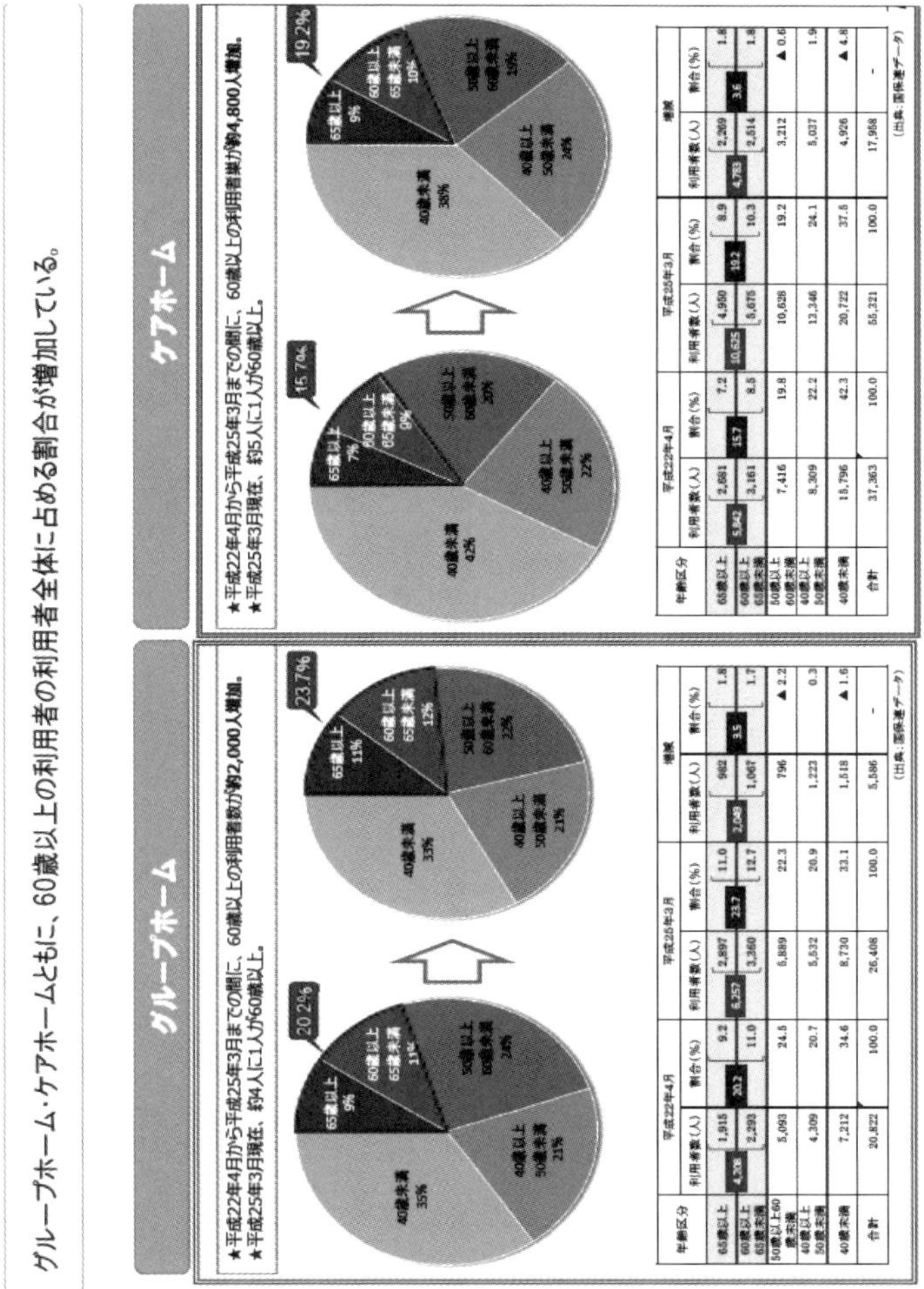

グループホーム

年齢区分	平成22年4月 利用者数(人)	平成22年4月 割合(%)	平成25年3月 利用者数(人)	平成25年3月 割合(%)	増減 利用者数(人)	増減 割合(%)
65歳以上	1,915	9.2	2,897	11.0	982	1.8
60歳以上65歳未満	2,293	11.0	3,360	12.7	1,067	1.7
（65歳以上＋60歳以上65歳未満）	4,208	20.2	6,257	23.7	2,049	3.5
50歳以上60歳未満	5,093	24.5	5,889	22.3	796	▲ 2.2
40歳以上50歳未満	4,309	20.7	5,532	20.9	1,223	0.3
40歳未満	7,212	34.6	8,730	33.1	1,518	▲ 1.6
合計	20,822	100.0	26,408	100.0	5,586	-

（出典：国保連データ）

ケアホーム

年齢区分	平成22年4月 利用者数(人)	平成22年4月 割合(%)	平成25年3月 利用者数(人)	平成25年3月 割合(%)	増減 利用者数(人)	増減 割合(%)
65歳以上	2,681	7.2	4,950	8.9	2,269	1.8
60歳以上65歳未満	3,161	8.5	5,675	10.3	2,514	1.8
（65歳以上＋60歳以上65歳未満）	5,842	15.7	10,625	19.2	4,783	3.6
50歳以上60歳未満	7,416	19.8	10,628	19.2	3,212	▲ 0.6
40歳以上50歳未満	8,309	22.2	13,346	24.1	5,037	1.9
40歳未満	15,796	42.3	20,722	37.5	4,926	▲ 4.8
合計	37,363	100.0	55,321	100.0	17,958	-

（出典：国保連データ）

出所：国民健康保険団体連合会

平成25年3月時点で、グループホームは、40歳未満33％、40歳以上50歳未満26％、50歳以上60歳未満22％、60歳以上～65歳未満12％、65歳以上11％となっています。

同じくケアホームは、40歳以下38％、40歳以上50歳未満24％、50歳以上60歳未満19％、60歳以上～65歳未満10％、65歳以上9％です。

これらのことから、約8割程度が60歳未満ということがわかります。

65歳を超えて介護が必要になると、介護保険が使えて、よりサービスの充実した老人ホームなどの施設に転居していきます。

平成22年4月のデータと25年3月のデータを比べると、たった3年ですが、3％程度60歳以上の人の割合が増えています。これは、日本の人口動態からみれば、当然といえば当然のことです。

老人ホームは、平均入居期間は7年くらいといわれています。障害者グループホームの場合は、平均は不明ですが、18歳から入居できるので、かなり長いと予想できます。

そして、全国的に障害者グループホームが不足しているので、このように1度入居すると老人ホームと比べかなり長い期間入居するということは、1度満室になると入れ替わりが少ないので安定経営ができるといえるでしょう。

男女比率

障害者グループホームの入居者の男女比率は、平成26年度の内閣府の「障害者白書内の在宅知的障害者の男女比率」によると、62・２万人の在宅の知的障害者（児童を含む）のうち、男性が35・５万人（約57％）、女性が26・６万人（約43％）で７ポイントほど男性のほうが多いというデータになっています。

ただし、この数値は、知的障害者をすべてまとめたもので、ダウン症や自閉症など症例によって男女比率は違うようです。

4　障害者の収入状況と住まい

障害者の収入状況

在宅の障害者の就業月収について、「障害者白書」では、身体障害者（18歳以上）で３万円未満（７％）を含め11万円未満が約30％となっています。

在宅の知的障害者（18歳以上）においては、１万円未満が45％、１万円以上３万円未満が約13％と約６割が就業月収３万円未満です。

なお、事業所で雇用されている障害者の平均賃金月額は、身体障害者の25・４万円に対して、知的障害者11・８万円、精神障害者12・９万円と報告されています（就労継続支援Ａ型事業所の利用者の平均賃金月額は７・２万円、就労継続支援Ｂ型の平均工賃月額は１・４万円）。

【図表16　障害者の1か月の収入（障害基礎年金額）】

平成25年度	障害基礎年金		特別児童扶養手当		特別障害者手当	障害児福祉手当	特別障害給付金	
	1級	2級	1級	2級			1級	2級
	81,925円	65,541円	50,400円	33,570円	26,260円	14,280円	49,500円	39,600円

← 重度 →← 軽度 →

出所：内閣府「障害者白書」

【図表17　障害者の利用者負担】

障害福祉サービスの自己負担は、所得に応じて次の4区分の負担上限月額が設定され、1月に利用したサービス量にかかわらず、それ以上の負担は生じません。

区分	世帯の収入状況	負担上限月額
生活保護	生活保護受給世帯	0円
低所得	市町村民税非課税世帯(注1)	0円
一般1	市町村民税課税世帯（所得割16万円(注2)未満） ※入所施設利用者（20歳以上）、グループホーム・ケアホーム利用者を除きます(注3)。	9,300円
一般2	上記以外	37,200円

（注1）　3人世帯で障害者基礎年金1級受給の場合、収入が概ね300万円以下の世帯が対象となります。
（注2）　収入が概ね600万円以下の世帯が対象になります。
（注3）　入所施設利用者（20歳以上）、グループホーム、ケアホーム利用者は、市町村民税課税世帯の場合、「一般2」となります。

出所：内閣府「障害者白書」

B型就労支援所に働いている障害者の平均の月収の全国平均が1・4万円しかないのには驚かれたのではないでしょうか。

年金等の受給状況

年金等の受給状況については、在宅の身体障害者（18歳以上）で公的年金の受給者が67・7%公的手当の受給者が16・6%であり、在宅者（18歳以上）の約85%が公的年金や公的手当を受給しているとしています。

在宅の知的障害者(20歳以上)の年金・手当の受給者は約75%、一方、外来の精神障害者では障害年金の受給者が25・7%、障害者年金以外の年金受給者が11・２％、公的手当の受給者が２・１％と公的年金手当の受給者が４割程度と低くなっています。

また「障害者白書」は、精神障害者の定期収入の状況を見ると、定期収入に給料が含まれる者は21・８％に留まり、親兄弟の援助や生活保護のような稼得収入以外の収入に依存する者も多く、定期収入なしも18・１％あるなど、経済的に厳しい状況にあることがうかがえると記載しています。

ここで大家さんと運営事業者さんが共に考えなければいけないのが、家賃の設定です。多くの方が年金等を受給しているので、この年金の範囲内で家賃・食費・光熱費・その他生活用品が賄える金額にしなければいけません。

この家賃設定については、第7章で詳しく記載します。

5　障害の重さと住まい

障害年金

障害者の障害の重さを表すのには２つの方法があります。１つは、等級で１級・２級という級という標記。１級から13級まであり、１級が一番重い等級です。

（国民年金または20歳未満の初診日がある方）

1級と2級は障害基礎年金がもらえます。

・1級は、年額975，100円（月額約81，258円）

・2級は、年額780，100円（月額約65，008円）

（厚生年金に加入している方）

・1級は、年額975，100円（月額約81，258円）

・2級は、年額780，100円（月額約65，008円）

・3級は、年額585，100円（月額約48，758円）

もう1つは、障害支援という区分です。

区分は、支援の必要な度合いを示していて、1から6という区分があります。高齢者の介護保険の要支援1～5がありますが、これと同じ考え方です。これは、運営事業者の給付金の支給基準となっています。高齢者との違いは前掲の図表11－①、11－②のとおりです。

障害者の住まい

障害者の住まいは、まずは自宅、そして、21人以上の施設入居支援、グループホームの大きく分けて3つの住まいがあります。そして、ある程度年齢を重ねると高齢者住宅に移る人もいます。

グループホームにもいくつか種類があります。

1つ目は、身体障害者用のグループホームで、ほとんど老人ホームと同じような設備が整ってい

【図表 18　施設入所者の地域生活への移行に関する状況①】

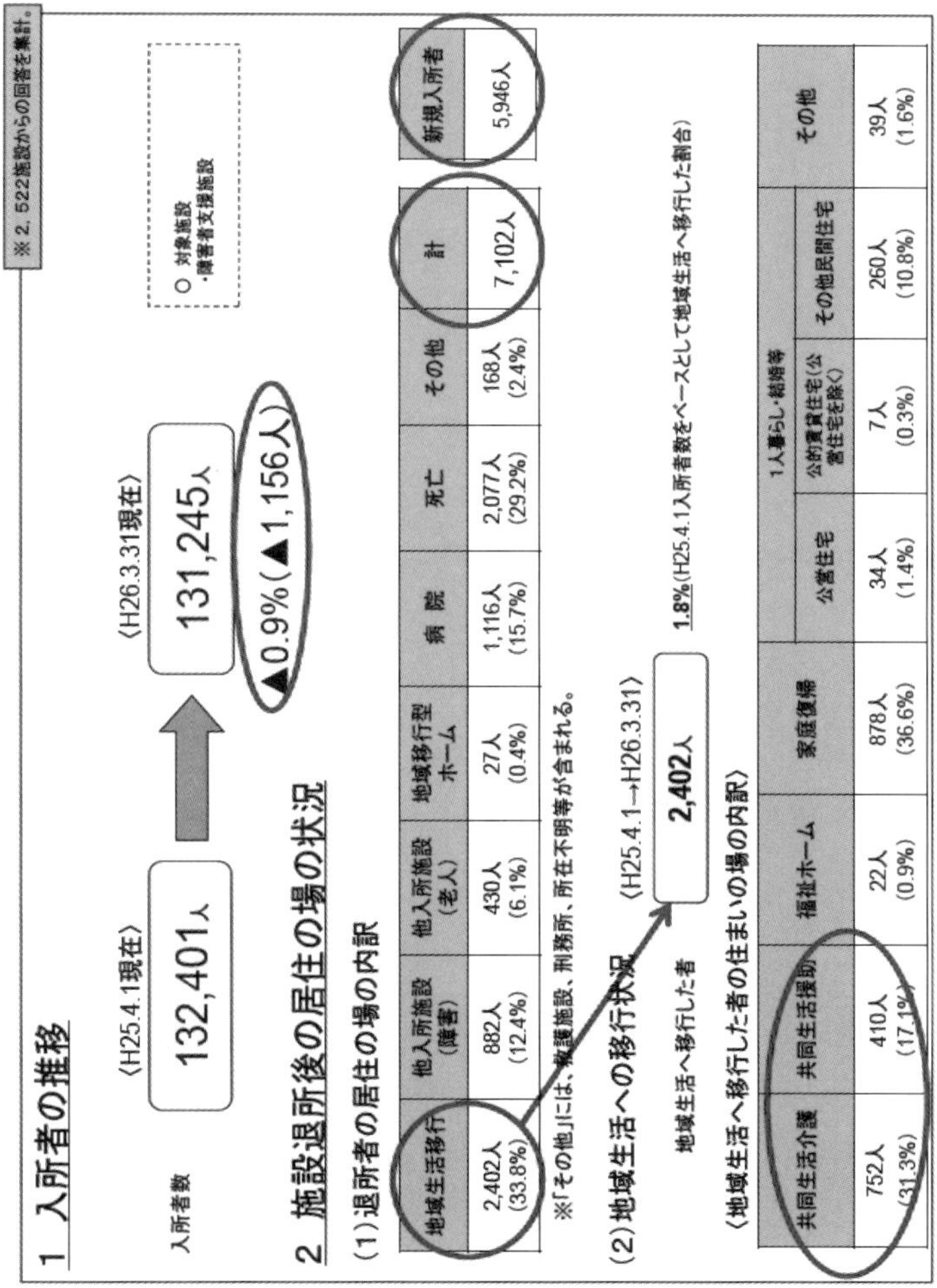
※2,522施設からの回答を集計。

1 入所者の推移

入所者数 〈H25.4.1現在〉 132,401人 → 〈H26.3.31現在〉 131,245人

▲0.9%（▲1,156人）

○ 対象施設
・障害者支援施設

2 施設退所後の居住の場の状況

（1）退所者の居住の場の内訳

地域生活移行	他入所施設（障害）	他入所施設（老人）	地域移行型ホーム	病院	死亡	その他	計	新規入所者
2,402人（33.8%）	882人（12.4%）	430人（6.1%）	27人（0.4%）	1,116人（15.7%）	2,077人（29.2%）	168人（2.4%）	7,102人	5,946人

※「その他」には、救護施設、刑務所、所在不明等が含まれる。

（2）地域生活への移行状況

地域生活へ移行した者 〈H25.4.1→H26.3.31〉 2,402人

1.8%（H25.4.1入所者数をベースとして地域生活へ移行した割合）

〈地域生活へ移行した者の住まいの場の内訳〉

共同生活介護	共同生活援助	福祉ホーム	家庭復帰	1人暮らし・結婚等			その他
				公営住宅	公的賃貸住宅（公営住宅を除く）	その他民間住宅	
752人（31.3%）	410人（17.1%）	22人（0.9%）	878人（36.6%）	34人（1.4%）	7人（0.3%）	260人（10.8%）	39人（1.6%）

出所：厚生労働省「障害者の住まいの場の確保に関する施策について」

【図表 19　施設入所者の地域生活への移行に関する状況②】

3　地域生活へ移行した者の日中活動の状況

〈地域生活へ移行した者の日中活動の内訳〉

生活介護	自立訓練（機能訓練）	自立訓練（生活訓練）	就労移行支援	就労継続支援A型	就労継続支援B型	地域活動支援センター
761人（31.7%）	31人（1.3%）	46人（1.9%）	113人（4.7%）	53人（2.2%）	422人（17.6%）	34人（1.4%）
一般就労	**学校（能力開発校含む）**	**精神科デイケア等**	**通所介護（介護保険）**	**その他の活動**	**未定**	**不明**
290人（12.1%）	36人（1.5%）	42人（1.7%）	92人（3.8%）	69人（2.9%）	255人（10.6%）	158人（6.6%）

4　施設入所前の居住の場の状況

（1）新規入所者の入所前の内訳

地域生活	他入所施設（障害）	他入所施設（老人）	地域移行型ホーム	病　院	その他	計
2,671人（44.9%）	1,107人（18.6%）	97人（1.6%）	19人（0.3%）	1,574人（26.5%）	478人（8.0%）	5,946人

（2）地域生活の内訳

共同生活介護	共同生活援助	福祉ホーム	家庭	1人暮らし・結婚等			その他
				公営住宅	公的賃貸住宅（公営住宅を除く）	その他民間住宅	
185人（6.9%）	86人（3.2%）	5人（0.2%）	2,237人（83.8%）	25人（0.9%）	3人（0.1%）	86人（3.2%）	44人（1.6%）

出所：厚生労働省「障害者の住まいの場の確保に関する施策について」

るものです、身体障害者の方が対象なので、車いす対応でエレベーターも付いていますし、リフトなど入浴の設備も充実しています。

２つ目は、知的障害者の方や精神障害者の方が主に住むもので、エレベーターやナースコールのない比較的健常者の住まいに近いタイプのグループホームです。

３つ目は、サテライト型のグループホームで、非常に障害が軽く、共同で住むまでもない方用のグループホームです。こちらは、実際には、通常の賃貸住宅に住まわれていることが多いです。

今回、地主さんや大家さんにおすすめしたいのが、２番目の知的障害者や精神障害者が主に住まわれるグループホームです。

理由は、高齢者住宅ほど設備投資が必要ではないので何とか家賃が安くても採算に合いますし、グループホームの需要が多いことです。

6　障害者総合支援法

障害者支援法の流れ

平成24年6月27日に公布された「地域社会における共生の実現に向けて新たな障害保険福施策を講ずるための関係法律の整備に関する法律」により、従来の障害者自立支援法は「障害者の日常生活及び社会生活を総合的に支援するための法律」（通称：障害者総合支援法）となりました。

目的と基本理念

「自立」という表現から「基本的人権を享有する個人としても尊厳」と明記され、障害者総合支援法実現のため、障害福祉サービスによる支援に加えて、地域生活支援事業、その他の必要な支援を総合的に行うことになりました。

障害者の範囲の見直し

障害者自立支援法では、支援の対象が身体障害者、知的障害者、精神障害者（知的障害者を含む）に限定されていましたが、障害者総合支援法では、一定の難病の患者が対象として加えられました。一定の難病とは、「難病性疾患克服研究事業」の対象の１３０疾患と関節リュウマチとしています。難病の患者への福祉サービスは、これまでは補助金事業として一部の市町村での実施でしか行われていませんでしたが、障害者総合支援法の対象になることですべての市町村で実施が可能になりました。

障害者支援区分への名称変更

現在の「障害程度区分」が各障害の状態を適切に反映していないという指摘から、必要とされる標準的な支援の度合いを総合的に示すものとして「障害支援区分」へと変更されました。

特に知的障害および精神障害については、コンピュータ判定で低く判定される傾向がありました。そのため、新法では区分の判定に当たり適切な配慮を行われました。

障害者に対する支援の見直し

障害者の高齢化・重度化に対応するとともに、住み慣れた地域における住まいの場の確保の観点から、「共同生活介護（ケアホーム）」は「共同生活援助（グループホーム）」に一元化されました。また、グループホームでは、新たな支援形態として、外部サービスの利用によるサービスを受けることができるいわゆる「外部サービス利用型」が設定されました。

その他には、地域生活支援事業の見直しや、サービス基盤の計画的整備、検討規定などが盛り込まれました。

地域生活支援事業の見直し

法律の目的に地域生活支援事業による支援を行うことが明記され、市町村・都道府県において地域生活支援事業の必須事業として意思疎通を行う者の養成や派遣等が追加されました。

その他には、サービス基盤の計画的整備や検討規定も盛り込まれ、ＰＤＣＡサイクルによって計画を見直したり、家族が参画したり、意見を反映することが明記されました。

第2章のまとめ

① 障害の種類は、身体障害・知的障害・精神障害と大きく分けて3つある。
② グループホームの入居者の9割以上が知的障害者と精神障害者。
③ グループホームのサービス提供時間は、8時間が基本で昼間は日中活動（B型就労・A型就労・生活介護等）に行く。
④ グループホームの入居者の年齢層は、40歳未満が30%強、40歳～65歳が60%弱、65歳以上が10%程度という割合である。
⑤ 一般の事業所に勤めている方以外は、年金か生活保護を受けている人が多く、B型就労では、平均の月額工賃は1・4万円程度である。
⑥ 障害者の住まいは、自宅か入所施設か障害者グループホームの概ね3つに分類される。
⑦ 政府の方針は、入所施設から地域のグループホームや自宅に帰すいわゆる「地域移行」を進めている。
⑧ 平成24年6月27日に障害者総合支援法が公布された。

第3章　障害者福祉と土地活用の基礎知識

1　介護保険制度

給付費

運営事業者には、人件費や通信費、その他様々な経費がかかります。この経費を入居者からもらうことができないので、介護保険と同じように、障害支援区分によって国が支払ってくれるという仕組みになっています。

高齢者の場合と障害者の場合を比較しながら見てみましょう。

高齢者の場合

高齢者の介護施設の場合は、要介護1～要介護5までの5段階で、166，920円～360，650円の幅で介護事業者が収入を得ることができます（前掲の図表11－①参照）。

介護保険の利用者は、1割負担（平成27年8月現在）することで介護サービスを受けることができます。

介護事業者は、このサービスの対価としてサービスに応じた料金を国民健康保険団体連合会（以下：国保連と呼称）に請求します。

障害福祉の場合

障害福祉の場合は、障害支援区分は1～6であり、1人で何人の世話をするかによって報酬が違いますが、5：1の支援の場合で46，420円～178，200円（他の加算なし）になっています（前掲の図表11―②参照）。

障害福祉の場合は、個人負担はありません。

サービスの内容に合わせて、介護事業と同じように国保連に請求をします。

2　土地活用と建築のスキーム

建て貸し

地主さんが自分の土地に建物を建てて、大家さんとして運営事業者に貸す形です。

この方式が一番多いと思います。大家さんは、建物を貸した見返りとして家賃収入を得ます。

土地を貸す

地主さんから土地を借りて、運営事業者が建物建築する形です。地主さんは、土地を貸すので、地代が収入として見込めます。

ただし、このパターンでは、地主さんはあまり高い地代がもらえることは少ないです。

なお、この形式ですと、運営事業者は、建築費を金融機関から調達する際に土地が自分のものではないので、抵当権の設定ができません。

地主さんは、借入をしなくて済むので、この形式を希望する方が結構いますが、融資の関係上なかなか話がまとまるケースは少ないといえます。

自社建築

運営会社自身が自社で建築するケースがあります。また、土地も自社で土地を既に所有している場合と土地から買う場合があります。自社で所有している土地に建築する場合は、ハードルはかな

【図表20　建築スキーム図】

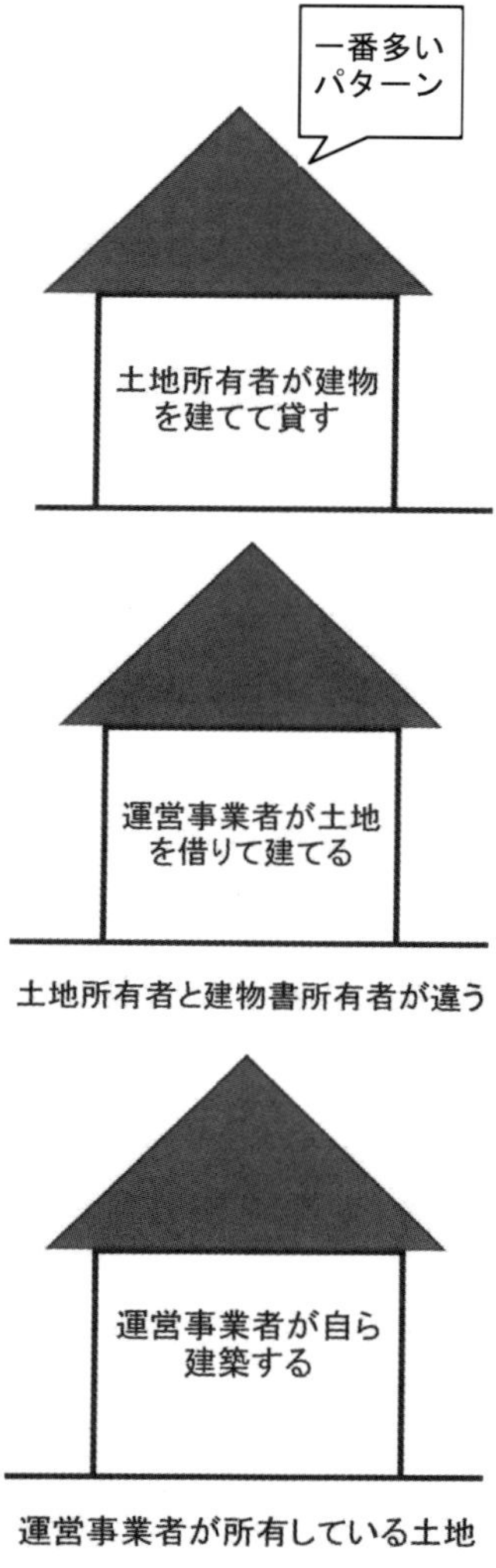

り低くなります。土地から買う場合は、郊外の安い土地を購入しないと運営会社としては事業的に採算が取れません。目安は、土地単価が坪20万円以下です。

運営会社と建築

社会福祉法人や医療法人の場合は、大家さんに建築してもらって借りる「建て貸し」と、社会福祉法人や医療法人が自分たちで土地を購入したり、借りたり、所有している土地に建築するケースがあります。比較的資金に余裕があるので、自社で建築するケースも多くなります。

株式会社やＮＰＯ法人・その他の法人の場合は、多くは「建て貸し」のモデルが多いです。資金的に多店舗展開するには建て貸しが効率がよく、自社で建物を所有するケースは少ないです。

土地を買って建物を建てると借入金の額も相当大きくなります。ですから、２棟、３棟と土地を買って建築すると莫大な借入になってしまいますので、多店舗展開には向いていません。

３　一括借上げの種類

運営事業者による借上げ

運営事業者による一括借上げは、一番オーソドックスであり、単純な借上げ方式です。地主さん

【図表21　借上げスキーム】

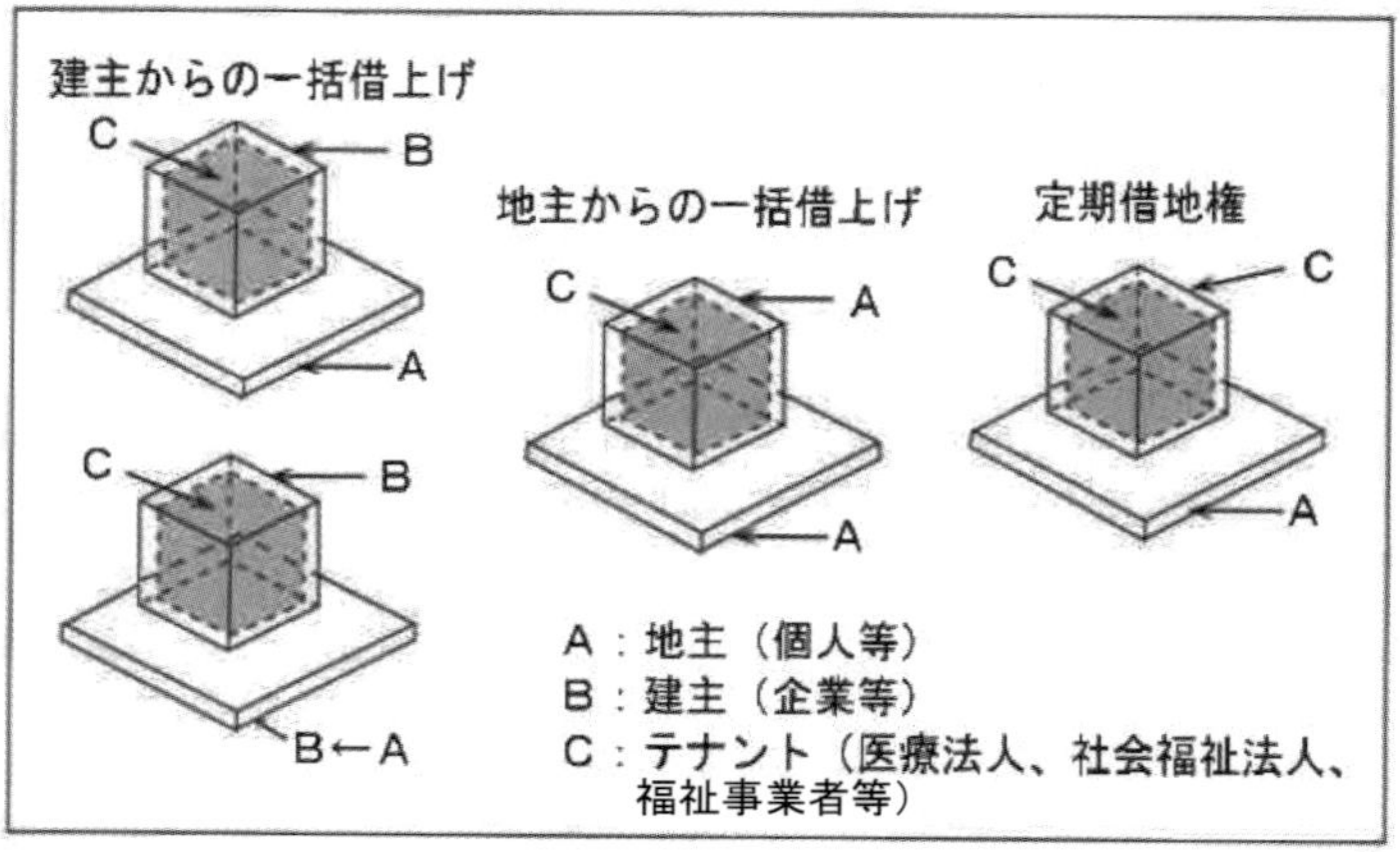

の土地に地主さんが建物を建てて、それを運営事業者が一括で借上げをします。

各入居者との契約は、「貸主」として運営事業者が行います。したがって、入居者との賃貸借契約には、地主さん・大家さんの名前は出てきません。

また、建物のクレーム等入居者から直接大家さんに連絡が入ることはありません。空室のリスクは、運営会社が負っていることになります。

借上げ会社（不動産管理会社）による借上げ1

前項の借り上げの間に1社管理会社が入るパターンです。

大家さんから管理会社が借り上げ、それを福祉事業者に転貸します。

そして、また運営会社が各入居者へ転貸するかたちになります。

こちらも空室リスクは運営会社が負っています。

借上げ会社（不動産管理会社）による借上げ２

先ほどと同じように管理会社が大家さんから建物を一括で借り上げます。そして各入居者に転貸して賃貸契約をします。それと同時に運営会社へもテナントとして貸します。

管理会社は入居者からの家賃と運営事業者からのテナント家賃の両方をもらうことになります。このパターンの場合は、空室リスクは管理会社にあります。

ケースとしては高齢者住宅には見られますが、障害福祉の建物ではあまり見かけない方法です。

4　一括借上げ契約の注意点

大家さんにとってのリスク

一括借上げの仕組みは、大家さんにとってはとても楽で安心な制度です。しかし、リスクがないわけではありません。運営会社や管理会社が倒産するリスクがあります。

建築の期間は半年程度ですが、借上げの期間は20年以上になります。その間、運営会社や管理会社には安定した経営をしてもらわなければなりません。ですから、特に運営事業者の選定には慎重にならなければいけません。

入居者が入ってさえいれば、運営事業者の売上は自然に上がりますので、安定した経営ができます。とにかく入居者を集める力があることが重要です。

一括借上げ契約の注意点

一括借上げ契約書には、通常、家賃の増減に関する条項が入っています。これは、将来の経済状況の変化に対応して、家賃を増減できるように定められています。この定めは民法第32条1項に図表22のように規定されています。

【図表22　民法の借賃増減請求権の規定】

（借賃増減請求権）
第32条
1　建物の借賃が、土地若しくは建物に対する租税その他の負担の増減により、土地若しくは建物価格の上昇若しくは低下その他の経済事情の変動により、又は近傍同種の建物の借賃に比較して不相当となったときは、契約の条件にかかわらず、当事者は、将来に向かって建物の借賃の額の増減を請求することができる。ただし、一定の期間建物の借賃を増額しない旨の特約がある場合には、その定めに従う。

したがって、家賃がずっと同じとは限らないということです。今までの通常の賃貸住宅の一括借上げ契約でも、この内容が含まれているものがほとんどで、福祉事業は国の制度に左右されるビジネスモデルです。３年に１度改定があり、将来、障害年金や給付費額の変更等で利用者の負担額が上がり、家賃や食費等のトータル的な支出を圧迫し、家賃にしわ寄せがこないとも限りません。

そこで、最良の方法は、５年~10年の間、家賃の増減をしない特約を入れておくことです。そうすれば、当面の投資資金を回収する期間は、大家として安定的な経営ができます。契約前に借上げをする会社に相談してみましょう。

25年間などの長期間の固定は少し無理があると思いますが、５年~10年くらいであれば交渉に応じてくれる可能性は十分にあります。私が、コンサルティングをする場合は、運営事業者にお願いしています。大手の企業は自社の規定があるので受け入れてもらえないケースもあるでしょう。しかし、中小の運営事業者であれば、かなり柔軟に対応してくれると思います。

運営事業者に倒産されても困りますし、運営事業者も大家さんを困らせたいと思っているわけではないので、10年くらいの家賃固定がお互い無理がなく妥当ではないかと考えています。

5　大家さんによく聞かれる質問

Q　入居の募集はどうするの？

A　詳しくは第６章の２で述べますが、運営事業者さんが相談支援事業者や病院のソーシャルワカーや役所に声をかけて、これらから紹介される形で入居者が決まっていきます。不動産業者さんは使いません。

Q　管理はどうするのか？

A　管理は運営事業者さんがしますので、誤解を恐れずに言いますと、大家さんが自分ですることはありません。

Q　家賃滞納はないのですか？

A　年金や生活保護費から家賃を支払うので、滞納の心配はほとんどありません。また、一括借上げですので、大家さんは家賃の入金管理をする必要はありません。

Q　キッチンがあるけど食事は出るの？

A　世話人が準備します。世話人が1からつくる事業者もあれば、配食サービス会社が栄養管理してつくったものを湯煎などで温めて出す事業者さんもあり、食事の提供の仕方は様々です。

Q　運営事業者さんが潰れたらどうなるの？

A　他の介護事業者さんに運営してもらいます。そのときは一から家賃の設定等は相談になりますが、入居者さんさえ入っていれば、引き受け手の介護事業者は見つかると思います。

Q　誰に相談すればいいのか？

A　基本的には、実績のある建築会社やコンサルタントに相談するのが一番です。彼らは運営事業者の新規開設情報を持っています。

Q　入居者間のトラブルや近所とのトラブルがあるのでは？

A　入居者間のトラブルは健常者でもあります。もし、トラブルが起きても、その解決は運営事業者が行います。大家さんへ相談にくることはありません。

近隣とのトラブルは、入居される方の福祉支援区分や障害の症状によっては全くないとはいえません。筆者が今まで10棟建築したケースでは、障害者だから反対ということはありませんでした。事前に近隣への挨拶や区長さんへの挨拶は重要になると思います。

「障害を理由とする差別の解消の推進に関する法律」（いわゆる「障害者差別解消法」）が制定され、平成28年4月1日から施行されました。ですから、グループホームの建築も合理的な理由がないと反対はできない状況になったと思います。

Q　家賃はどのように決めるのでしょうか？

A　その行政の生活保護の家賃扶助費と築年数、近隣の障害者グループホームの家賃相場とを勘案して決定します。借上げ家賃は、入居者が支払う額と基本的には同額です。

Q　大体、何室くらいから建てられるのでしょうか？

A　新築では、１棟10室。既存物件の改築では１棟20室です。

Q　どれくらいの土地が必要になりますか？

A　土地の形状や何階建てにするか、また、併設の施設を造るかどうかによって変わります。木造の2階建てで、10室なら70坪～80坪、20室なら１５０坪程度、30室なら２３０坪～２５０坪程度が必要な土地の面積の目安になります。

Q　大家はどこまでの設備をつけるのでしょうか？

A　これは、運営事業者さんとの打合せによりますが、一般的な例としては、スプリンクラー、自動火災報知機、空調、照明、キッチン、トイレ、洗面くらいまでです。事務機器、洗濯機、家具、カーテン、看板等は通常運営事業者さんに用意してもらうことが多いです。

Q　障害者グループホームの建築費でも融資は受けられるのでしょうか？

A　通常の賃貸住宅の建築費の融資と同じように融資は受けられます。ただし、土地と建物は、当然ですが金融機関の抵当権を設定します。ですから、土地と建物の担保評価内での融資ということになります。担保評価が足りない場合は、自己資金を出すか別の不動産を担保提供することが必要になります。

ここまでは、賃貸住宅の建築の場合と同じですが、1つ違う点は、借上げする介護事業者さんの決算書も必要になる場合があります。

したがって、借上げする介護事業者さんの決算状況が悪いと融資がしてもらえない場合もあります。

なお、住宅金融支援機構（旧住宅金融公庫）は、グループホーム型（寄宿舎型）の建物には融資していません。

第4章　運営会社

1　福祉事業者はどうやって利益を出すのか

運営事業者の収入

障害者グループホームを運営する福祉事業者は、社会福祉法人や非営利活動法人（NPO法人）や株式会社などの形態があります。

法人の種類の違いはありますが、継続して事業を行っていくには、ずっと赤字では運営は継続できません。

福祉なので多くの収益を生むのは問題があるかもしれませんが、多少なりとも利益がないと継続できませんし、次の展開もできません。

継続できないと、いろいろな人が困ります。一番は、入居している障害者です。折角よい住まいを見つけても、また次を探すことになりますし、そこで働くスタッフの方々も仕事をなくすことになります。

大家さんも大きな投資をしてグループホームをつくっても、家賃が払われなくなったり、途中で退去されたりすると、次の運営会社が見つかるまで困ってしまいます。

そこで、運営事業者の収益構造を少し勉強してみたいと思います。

営事業者の収入（売上）は、大きく分けて２つあります。

１つ目は、入居者からの売上です。これは、家賃、食費、光熱費です。いわゆる「ホテルコスト」といわれるものです。

ただし、売上にはなりますが、この売上からはほとんど利益は出ません。家賃は、運営会社が入居者から家賃をもらっても、大家さんに支払うのでほとんど右から左です。

高齢者住宅の場合は、４５，０００円で大家さんから借りて５０，０００円で入居者さんに貸すということはよくあることですが、福祉の場合は、ここで利益をとると行政から指導を受けます。ですから、食事、光熱費も同様にほとんど利益は出ません。

２つ目は、国保連からの収入です。これは図表11―②を見てください。第4章の1で少し触れましたが、障害の程度によって区分1から区分6まで金額が定められていて、実際の入居者の区分によって事業者に国保連から支払われます。

例えば、区分2の人が3人、区分3の人が4人、区分4の人が3人であれば、次のようになります。

・区分2　８８，５００円×3人＝２６５，５００円……A
・区分3　１１５，５００円×4人＝４６２，０００円……B
・区分4　１４４，３００円×3人＝４２３，９００円……C

Ａ＋Ｂ＋Ｃ＝１，１５１，４００円が運営事業者の実質的な売上になります。夜勤体制を取ると1人当たり４４，７００円（10人であれば４４７，０００円）の加算がありますので、合計すると約160万円ほどの売上になります。

この160万円の中から人件費やその他の経費を支払った残りが、毎月の福祉事業者の利益になります。

2 障害の区分と売上の関係

入居者の区分と症状は様々

前掲の図表11―②の表を見ると気づくと思いますが、区分が高くなればなるほど金額が高くなっています。誤解を恐れずに簡単にいうと、区分の高い人のほうがより手厚いケアが必要なので、人件費がかかるという意味合いで金額が高くなっています。

そうなると、運営会社としては、区分の高い人を多く入居させたほうが、売上が多く上がることになります。しかしながら、区分の高い人を多く入居させることは、それなりにケアが必要で、スタッフのスキルや人数が多く求められるので、バランスが必要になってきます。

各グループホームでは、スタッフの介助のスキルや既にいる入居者との相性や障害者の症状によって、受け入れることができるかを判断しているところが多いと思います。後は、その福祉事業者の経営方針（どういう人をサポートしたいか）などです。

障害者グループホームは、高齢者に対する介護事業や他の障害者に対する福祉事業（障害児のデイサービス、障害者の就労継続支援事業所）などに比べると、収益はよくないと感じます。

筆者は、不動産コンサルタントですので、介護事業者や福祉事業は行っていませんが、傍から見ていても大変な仕事だと思います。

収益性の確保も重要

大変な仕事ですが、何となく、福祉だから儲けてはいけない風潮を肌で感じます。しかしながら、儲からないので参入する運営会社が少ないというのも事実です。逆に、儲からないから誰もやらないということではいけない事業でもあります。

そのために社会福祉法人があると思いますが、補助金や税金がかからないことですべての社会福祉法人ではありませんが、莫大な内部留保を抱えているところも多々あります。

その一方で、まじめに福祉事業をしていてもお金がないＮＰＯ法人もあります。こうしてみると、福祉事業の収益と福祉事業としてのあるべき姿のバランスは、非常に難しいと感じています。

また、日本は、財政的にも医療・介護・福祉に一番お金が使われており、財政を圧迫している現状もありますので、いろいろ考えさせられる場面もあります。

昨今、少しずつ介護事業者が福祉の分野にも参入してきていますが、障害者のグループホームが増えない理由の１つが、事業としての収益性の低さにあると感じています。それをカバーするやり方がありますので次項で紹介します。

3　複合経営するメリット

就労継続支援B型との複合設置

第1章の2で様々な種類の障害者福祉サービスを説明しました。その中に就労継続支援B型（以下、B型就労と呼称）というものがあります。

詳しく紹介すると、こちらは障害者の日中の仕事の場です。仕事の内容は、事業所によって様々で、内職のような仕事から、お菓子やパンづくり、喫茶店のようなサービス業、農業等多岐にわたります。

時間は、午前10時くらいから午後4時くらいまでのところが多いです。ここで働く障害者の人たちの収入は、その人の作業能力や仕事内容によって違いますが、1か月の工賃（給与）は、全国平均で14,838円（平成26年度）といわれています。1日ではありません。1か月ですのでご注意ください。工賃というのは給与と同じ意味合いです。

ここで少しB型就労の工賃と運営事業者の事業の構造を説明しておきます。例えば、パンを焼いて売ることを仕事にしているB型就労支援事業所があったとします。小麦粉などの材料を買って、これてパンを焼いて売る。この材料と光熱費等の経費を売上から引いたのが利益です。この利益をここで働いている障害者で分けます。これが利用者である障害者の給与であり、工賃と呼ばれるものです。

運営事業者は、ここに来ている利用者1人に対していくらという形で国から給付費がもらえます。ここから人件費や家賃等の経費を引いたものが利益になります。ですから、運営事業者には、パンの売上がいくらであっても収益には影響ありません。要は、障害者の方のパンを売る事業は、その事業単体で損益を計算します。

筆者は、土地が２００坪以上ある場合、グループホームとB型就労をセットで運営会社と地主さんに提案しています。ここは重要なところなので、覚えておいてください。住まいのグループホームと仕事場のB型就労をセットで運営することで、利用者は昼間はB型就労で夜から朝まではグループホームという形で同じ事業者さんで24時間サポートを受けることができるというメリットがあります。

しかし、これは強制的に「弊社のグループホームに入る場合は、弊社の経営するB型就労に来てください」という募集の仕方は、行政の立場から見ると「利用者の囲い込みはよくない」ということで懸念されます。必ず本人の意思で決める必要があります。

ですから、同じ経営のグループホームの入居者が同じ経営のB型就労に１００％来るということはなかなか難しいです。利用者さんも意思があり、物件の質、家賃や立地、そしてB型就労の仕事内容や工賃やスタッフの対応などによって選ばれます。

行政は、グループホームからB型就労に通うことも訓練の1つと考えています。ですから、同じグループホームのある建物はB型就労が設置できないという県や、グループホームと同じ敷地には設置できない県もありますので、自分の地域の障害福祉課に確認することが必要になります。

運営事業者のメリット

B型就労を同時に経営することでの運営事業者のメリットは、収益性の低いグループホームの収益を補うことができる点です。ただし、図表23のように、B型就労は既に地域によっては一定の事業所数がすでに営業されている地域も多々あり、特徴や工賃が高くないと利用者が集まらないという状況になっています。

収益性は低いが圧倒的に不足しているグループホームと、集客は難しいが収益性の高いB型就労を組み合わせることにより、安定的な経営ができるということです。

その他の複合施設

グループホームと相性のいい施設は、生活介護です。

日中活動の中では、一番基本的な生活訓練を行う施設です。障害支援区分3以上の方が多く、入浴や食事の介助も行います。イメージは、デイサービスに行って、楽しみながら生活の基礎を学ぶ

【図表 23　就労系サービスの利用者数（障害種別）の伸び
（平成 20 年４月を 100 とした場合）】

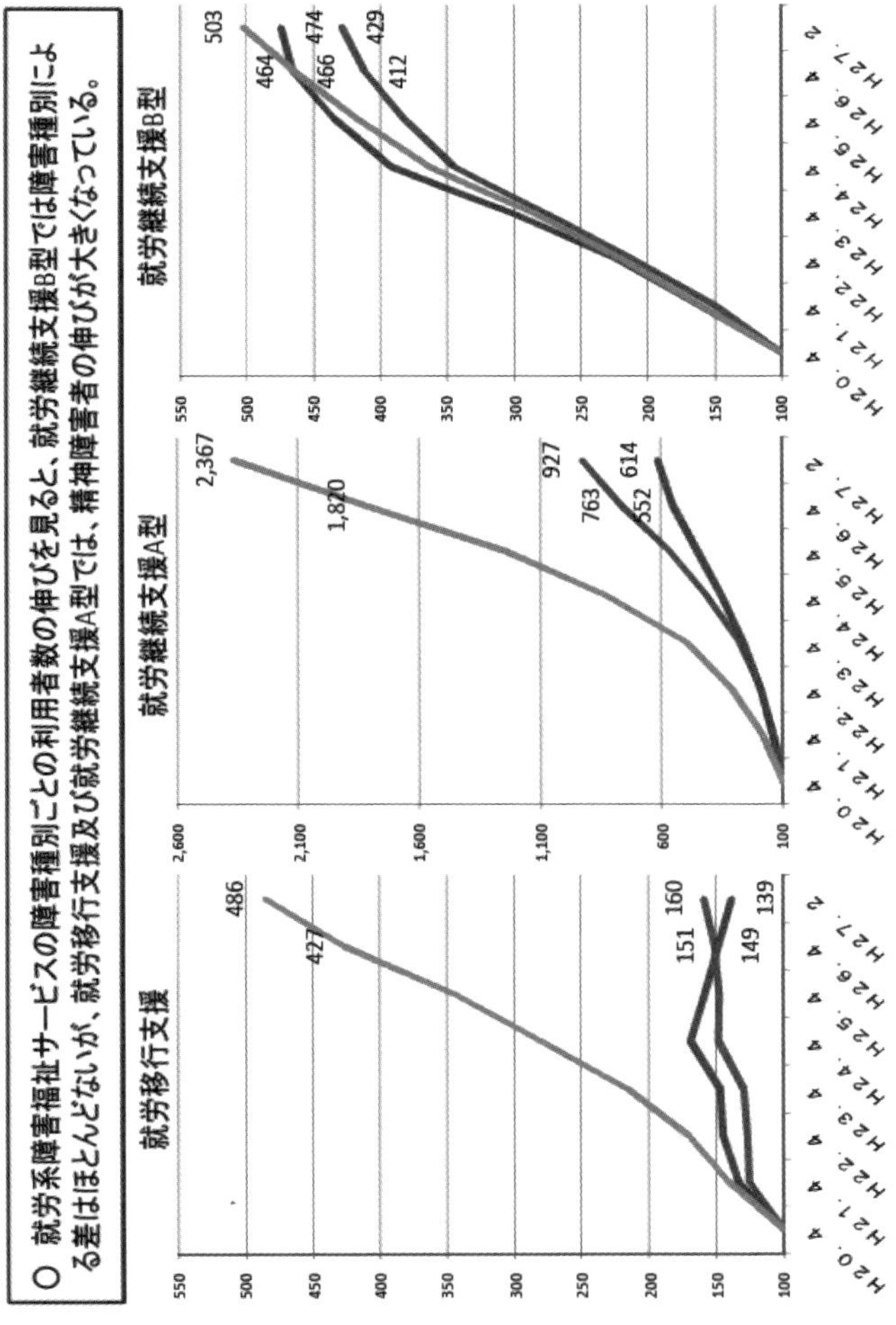

出所：国民健康保険連合会

という感じです。

他には、グループホームと放課後児童デイサービスという組合せもあります。こちらは、デイサービスの入居者はまだグループホームには年齢的に入れないので、全く別の利用者になります。

第４章のまとめ

① 運営事業者の収入は国からの給付費と入居者からのホテルコストの2種類。
② 老人介護と違い福祉の場合、ホテルコスト（家賃・食事・光熱費等）は利益を取ってはいけないと行政から指導が入るため、国からの給付費で人件費等の経費を賄う。
③ 障害者グループホームの運営事業者としての収益性は老人介護ほどは高くない。
④ 他の事業と複合経営が望ましい。
⑤ 相性がいいのがB型就労施設・生活介護である。
⑥ 不足しているので集客ができるが、収益の少ないグループホームと集客は難しいが収益性が高いB型就労を一緒に行うことで相乗効果がある。
⑦ その他には放課後デイサービス等が収益性がある福祉事業である。

第5章　建物のイメージをつかもう！

1　間取りイメージをつかもう！

1住戸7人以下にする理由

障害者グループホームの間取りは、簡単にいうと、5LDKを2つくっつけた、2階建ての2世帯住宅みたいなものです（図表24参照）。

2世帯住宅のように、玄関は2つ設置します。この理由は、障害者グループホームは1つの住戸で7人を超えると国保連からの支援費の支給が5％の減算になります。

これは、運営会社にとっては、5％売上が減るということを意味しています。ですから、わざわざ玄関を2つつけて上下階で別世帯にします。建物の中で扉でつながっていると1つの住戸とみなされてしまいます。

部屋数と報酬の減算

これは、筆者も何度も行政と「内部に扉をつけても、普段は鍵をつけておきますから、2つの住戸としてみてもらえませんか」と交渉したことがありますが、1度も認められたことはありません。

行政からは、「「構造上別の建物」であるということが条件になり、扉があると1つの住戸という

【図表 24　建物のイメージ】

判断になります。また、いくら鍵をするといっても、それは扉がある以上、ずっと閉まっていることを担保できないのでダメです」と言われました。

ですから、5％減算が嫌であれば、2つ扉をつけて、建物内部で行き来ができない構造にしなければならないのです。世の中には、1つの玄関で7つ以上の部屋を設けているところもあります。これは、スペースの問題であったり、運営の方針で、減算があってもリビングや玄関を1つにする選択をしたといえるでしょう。

運営事業者や土地や建物のスペースの状況で変わってきますので、絶対に5ＬＤＫが2つでないといけないということではなく、1つのモデルとして見ていただければと思います。

事務所スペース

次に、スタッフルームと事務所スペースについてですが、1つないし2つほど設置します。これも運営事業者によって考え方が違います。

1つでいいという事業者もいれば、各フロアーに1つずつ、それも寝室に近いところに設置して欲しいというケースもあります。反対に玄関付近で出入りがわかるように配置して欲しいというケースもあります。

この違いは、預かる入居者の特性によります。アクティブに動く人が多いグループホームでは、出入口を管理したいという希望があります。また、障害の区分が高く、1人では出入りができない人が多いグループホームでは、玄関の出入りに注意する必要がないので、寝室に近く、部屋の中で何かあった場合にすぐに気がつくように部屋の近くに設置したいという希望になります。

ここは、鍵をつけて、現金やお薬、個人情報等を管理します。また、宿直や夜勤の方の仮眠スペースにもなりますので、3畳から4畳くらいのスペースが必要です。ただ、この事務所スペースは、設備基準には入っていないので、必ず設けなければいけないというわけではありません。

極端な話ですが、このようなスペースがないグループホームもあります。事務処理はリビングでしたり、宿直や夜勤を置かないグループホームもあるからです。この辺りは、計画する前によく運営事業者と話をしてプランをつくり込む必要があります。

水回りのイメージ

5人に1つを目安にお風呂を1か所設置します。トイレや洗面は、5人に2つ程度設置します。これも明確な基準があるわけではないので目安です。

7人という場合は、すごく悩むのですが、1つはお風呂、1つはシャワールームを設置することもあります。

その他、水回りで注意したいのが、洗濯機置き場です。通常の賃貸住宅ですと、お風呂の横に脱衣場があって、そこに洗面台と洗濯機置き場が配置してあるというのはよくあるケースです。

グループホームの場合で、特に軽度の障害の入居者を中心に運営をするときは、洗濯を世話人ではなく入居者自身で行うことになります。そうなると、お風呂に入っているときに洗濯ができなくなるので、脱衣場は脱衣場だけにして、洗濯機置き場や洗面台は別のスペースに設置するのがベターです。

そうすることにより、洗濯や入浴の時間のロスを防ぐことができます。

各居室のイメージ

各居室の広さは、7・43㎡という基準があります。なお、これについて、国土交通省管轄は壁芯で計算しますが、厚生労働省管轄は内寸で計算します。

7・43㎡で内寸ですと約4・5畳ですが、通常の壁芯換算ですと約5畳と考えればいいでしょう。また、7・43㎡には収納は含まないので、収納なしでいくか、収納をつけて7・43㎡にする必要があります。

老人ホームのようにナースコールはあまりつけません。ただ、寝たきりの障害区分の高い方のみが入居する場合はつけるケースもあるかもしれませんが、知的障害や精神障害中心のグループホームではあまり見たことがありません。

スプリンクラーをつけているグループホームは、スプリンクラーの感知器と水の吹き出し口が天井に設置してあります。トイレや洗面などの水回りはありません。

あとは、エアコンと照明くらいで、特別な設備はありません。

先ほどの収納スペースをつけているところもあれば、タンスなどで対応するところもあります。

その他の仕様

地域によっては、各ガラスに飛散防止対策をしなさいと指導している地域もあります。具体的には、障害者が誤って割った際に怪我をしないように、強化ガラスか網入りガラスではない場合は、飛散防止フィルムを張りなさいという指導です。

２階以上の窓では、転落防止用の手すりをつけて欲しいという要望もあります。

その他、ある行政では、多動症の障害者が入ることを想定して、「キッチンは、対面キッチン（カウンターキッチン）が望ましいです。新築ならできると思いますので、Ｉ型のキッチンを対面式に変えることを検討してもらえないですか」と言われたこともあります。

重度障害者中心の障害者グループホームですと、車いす対応でエレベーターを設置して欲しいという要望もあります。

１人でグループホームを飛び出して行ってしまうような入居者の場合は、窓に格子をつけて欲しいという要望もあります。

なかなかこれなら大丈夫という万能なプランはなく、運営会社の考え方、実際の運営の仕方、どういう障害者区分のどういう障害の方が入居するかによってかなりプランが違ってきますので、よく運営会社と打合せをすることが重要です。

2　構造は何が適しているのか

構造は木造がおすすめ

構造は、2階建てまたは平屋で、1棟で10床程度の大きさなので、あえて鉄骨造や鉄筋コンクリート造にする必要はないと思います。

福祉ですので、高い家賃が設定できない建物ですから、それに見合うコストで建築するということを考えなければいけません。そうなると、平屋や2階建てであれば、木造が一番適していると思います。

ただし、3階以上の建物にするのであれば、鉄骨造や鉄筋コンクリート造で建築するのがいいでしょう。理由は、3階建てになると、耐火構造にする必要があり、そうなると木造で耐火建築物にするより、鉄骨造や鉄筋コンクリート造のほうが法規の面や建築コストを考えると向いているといえるからです。

木造の耐火建築もできないわけではないのですが、まだ一般的でないため、鉄骨や鉄筋コンクリートで建築するほうが安くすむことが多いようです。

B型就労支援事業所の場合は、空店舗や空事務所をリフォームして利用する場合が多いと思います。しかし、これからグループホームと複合利用を考えて新築する場合は、土地に余裕があれば2階建てより多少コストはかかりますが、平屋がいいと思います。そのほうが平面で利用できるので使い勝手がいいですし、階段がないので外部から車イスの人が利用する場合も対応がしやすくなるからです。

3　通常の賃貸住宅との違い

入居募集方法

通常の賃貸住宅との違いは、大家さんがすることがあまりないことです。例えば、管理といっても、入居者の募集は運営会社が行いますので、自分で仲介会社に行って募集をお願いすることもありません。ですから、入退去ごとに仲介会社に支払う広告宣伝費や仲介手数料はいりません。

物件管理

家賃は、運営会社が各入居者から集金します。したがって、大家さんは、建物1棟の家賃を運営会社から受け取るだけです。ですから、集金の手間もほとんどありません。

通常の賃貸住宅では、空室があれば家賃は入ってきませんが、大家さんは空室があっても1棟をいくらで貸すという契約をしているので関係ありません。毎月家賃の変動があるわけではないので、経営は安定しているといえます。

退去時のリフォーム

退去時の部屋の中のリフォームは、運営会社と入居者との話合いで行いますので、大家さんが原状回復費用に関して入居者と話をする機会はありません。ですから、退去時に、大家さんが負担する費用が発生することはありません。

通常の賃貸ですと、退去時に原状回復費用の負担割合で入居者ともめることもしばしばありますが、そういう苦労がありません。

特に昨今は、原状回復のガイドラインや東京ルールなどで退去時に入居者に原状回復費をすべて支払ってもらうことが難しい時代になっています。そのため、退去する度にリフォーム費用の負担が出ることが多いのですが、障害者グループホームの場合は、そういったことがありません。

ただし、建物の構造部分や外壁は、一般的に大家さんの修繕すべきところですので、しっかり修繕のために積立をしておかなければいけません。ここは通常の賃貸住宅と同じです

部屋の中の設備に関しては、個々の契約によって様々のようです。最初にどちらが負担するかを修繕負担区分表を契約書に添付して決めておく必要があります。特にエアコンや給排水、電気、消防設備です。

契約期間

通常の賃貸住宅の場合、契約期間は2年間という短い期間になっています。しかし、新築の障害者グループホームの場合は、20年~30年という長期の契約になっている場合が多いです。

理由は、大家さんは、その運営会社の要望を聞いて、大きな投資をして、多くの場合、借入をして建築しています。ですから、数年で退去されても大家さんは困ってしまいます。

もちろん、次の運営会社を見つければいいのですが、一般的な賃貸のようにすぐ次の借り手が見つかるとは限りません。そういったことを考慮して、長期の契約になっています。

家賃支払いの免責期間

一般的な賃貸住宅でも一括借上げ契約というシステムがあります。その契約の多くは、最初の2か月から3か月は家賃の支払免責条項に入っている場合が多いです。要は、入居募集期間として最初の2、3か月は大家さんに家賃を支払いませんという契約です。

この場合、仮に初月から満室になっても、その家賃は一括借上げ会社の利益になります。一括借上げ会社も収益が必要なので、これが大きな収益になっています。

また、一括借上げしたからには、家賃を空室でも支払わなければいけないので、初月から満室になるとは限らないためそのような契約になっています。

障害者グループホームでも、新築の場合は、免責期間を3か月前後設けている場合がほとんどです。この意味合いは、もちろん、初月から入居者が満室にならないということもありますが、福祉事業の場合は、オープン当初は運転資金が多く必要になることも関係しています。

まず、人件費ですが、入居者が入る前から人材は確保しておかなければいけません。ですから、人件費も売上がないときから必要になってきますので先にお金が出て行きます。

オープンする際は、家具や備品なども必要になりますので、こちらも先に出費があります。

一方、1人受け入れると国から支援費がもらえるのですが、これが運営事業者に支払われるのは2か月遅れです。介護報酬と同じ仕組みになっています。

また、入居者も満室になるのに早くて3か月~6か月くらいはかかります。障害者グループホームが不足しているといっても、入居するには、本人と家族の決断、役所への手続などがあり、一般賃貸住宅ほどすぐには決まりません。

これらが一般の賃貸住住宅と違うところです。

4　太陽光パネルを載せて利回りのアップを図る

太陽光発電

太陽光売電は、10kw未満の住宅用と10kw以下の非住宅用（産業用）の2種類があり、住宅用は10年間、非住宅用は20年間の固定売電価格になっています。

２０１２年の40円（税別）から、年々売電価格が下がっています。平成28年時点では24円（税別）まで下がってきていて、以前ほどの収益率は見込めなくなってきました。

すでに、更地に太陽光パネルを設置する野立て方式は、基礎や架台等の工事費用がかかるため、難しい売電単価になってきました。

今までは、売電単価の下落とともに、パネルや架台等の価格も下がってきたため、何とか収益は上がっていましたが、平成28年以降は野立てでの太陽光発電は難しい価格になりました。

新築時の屋根上の設置

屋根の上に設置するのであれば、まだぎりぎり収益的には10％以上の利回りは確保できる価格です。新築の場合、足場は建築するときに設置しますので、わざわざ太陽光パネルを設置するためだけに足場を設置しなくてもすみます。

コツとしては、屋根をガルバリウム鋼板の縦ハゼで葺きます。そうすることによって、挟込み工法で施工することができます。ハゼの部分に金具で架台を留めることができるので、施工が簡単で、設置費用を安くできます。

また、屋根に穴を開けずにすみますので、雨漏りの心配もありません。そして、屋根の形状を南向きに片流れにして、南の屋根面積を最大にします。そうすることによって、２階建ての１棟10床の障害者グループホームに10ｋｗ程度は設置できます。

工事費を３００万円くらいまでに抑えれば、年間30万円以上の売電収入が入ります。利回りも10％以上になりますので、投資としては何とか合う形になります。

太陽光パネルの工事は、大きく分けて、電気工事、架台の設置工事、パネルの設置工事の３つの工事があります。電気工事は、無論、電気工事屋さんにお願いしますが、架台やパネルの設置を電気工事屋さんや屋根屋さんにお願いする建築会社があるようです。

筆者の建築会社では、架台とパネルの設置は大工さんにお願いしています。難しい工事ではありませんので、確実に設置さえしてくれれば、安く設置してくれる業者さんにお願いすることがポイントになります。

パネルについては、日本メーカー、海外メーカーを問わず、様々なメーカーがあり、メーカーごとに特徴があります。どこに重きを置くかによって選ぶメーカーは違ってきます。筆者は、日本のメーカーにこだわってはいません。

筆者のメーカーを選ぶ基準は、その会社が太陽光パネル専門のメーカーではないことです。世界中でパネルの需要と供給は毎年変化が著しく、パネルの生産だけのメーカーはパネルの需要が落ちたときに存続が危うくなるため、多角経営をしている会社を選んでいます。

その他には、長期的な観点から、パネルの性能と価格のバランスで提案するメーカーを選定しています。

5　平成26年の通達で建物はこう変わった！

新築１棟10室規制

障害者グループホームの１棟当たりの部屋数が、平成26年の厚生労働省の通達で20床から10床に変更になりました。

切替りのタイミングは、地域によって多少条件が違ったようですが、愛知県や名古屋市では「平成27年３月末までに着工している物件」という線引きでした。

平成27年３月までは、新築で１棟で20室という規格で新築することができたのですが、平成27年4月以降は、新築では１棟10室以下でしか新規のグループホームの開所の届出を受け付けてくれなくなりました。

筆者は、どうしてそんな効率の悪いことをするのだろうと疑問に思いました。

例えば、高齢者住宅では、ある程度の入居者数のボリュームがないと介護事業として採算が合ってきません。そして、小さな施設をたくさんつくれば、経営的には管理も大変になります。

介護事業者さんに1施設当たりの採算分岐点を聞くと、入居が14～17室埋まっていないと採算分岐点を超えないという経営者が多いです。

さらに、高齢者の介護事業より障害者福祉事業のほうが運営上利益が少ないといわれているので、こんな効率が悪い方法では収益を確保するのが大変すぎて、運営する福祉事業者がいなくなってしまうのではないかと心配になりました。

そこで、愛知県や名古屋市の行政にその理由を聞きに行きました。

「どうして、20室はできなくなってしまうのですか」と聞くと、次のような回答が返ってきました。

「グループホームは施設ではなく、住まいであり、地域に移行していく中継点です。施設のように大人数で集団で住むのではなく、地域に少しずつ溶け込みながら住むのが理想という考え方からです」と。

大規模施設のように、障害者を囲い込んで住まわせる方向から、地域に移行する方向になってきているようです。大規模施設ですと、生活から仕事までその施設内で完結してしまい、外部との接触がほとんどありません。そこで、地域に少人数で健常者の方と近い形で住んで、仕事場にも通うことで外部との接触をとることが必要だということなのです。

ここには非常にバランス感覚が必要だと思います。障害者の自立に向けた理想の住まい方とお世話をする事業者の採算性、そして、物件を供給してくれる大家さんの採算性です。

規模を小さくすれば、行政の唱える理想は叶いますが、民間で障害者のグループホームをする人はかなり限定されます。また、規模が小さすぎると、物件を供給する大家さんも採算が取れません。

介護事業や福祉事業は、実は、不動産や建築と非常に密接に関係している事業です。場所を確保しないと事業ができない業態なのです。ですから、住む人と運営する人と物件を提供する人の三方のことをよく考えなければいけないと感じています。

１棟で20室できるケース

新築ではなく、既設の建物を改築してグループホームにする場合は、20室までは開設できるとの回答でした。これは、空家が問題になっている昨今、空家の利用を推進していこうとする意向だと思われます。

しかし、運営する事業者さんの効率や、グループホームのオーナーになってくれる大家さんの立場になると、20室くらいの部屋数は欲しいなと思っている筆者の立場からはうれしい回答でした。

これなら、空室の多い賃貸住宅をコンバージョンして、障害者のグループホームに転用しても採算が取れるのではないかと思います。

6　消防設備

必ず必要な設備内容

障害者グループホームは、寄宿舎という分類の建物になりますが、消防設備として意外に必要な物が多く、それも、障害者の区分によって必要なものとそうでないものがあります。

必ず必要なものとしては、消火器、誘導灯、自動火災報知設備になります。自動火災報知設備というのは、火災が起きるとベルが鳴って知らせる設備です。ちなみに家庭の火災警報器では対応は不可で、どこかで火が出た場合すべての部屋でベルが鳴る連動式の火災報知設備が必要になります。

もし、既設の施設で自動火災報知設備がついていないものは、平成30年3月末までに設置をしなければいけません。

障害支援区分によって必要な設備

グループホームに住む障害者の区分や面積によって必要な設備とそうでない設備がスプリンクラー設備と火災通報設備です。

火災通報設備は、火災が起きると自動的に管轄の消防署に通報される装置です。平成27年4月の消防法の改正により、自動火災報知設備と火災通報設備は連動させることが義務づけられました。

火災通報設備は、障害支援区分4以上の方が8割を超える施設には必ず設置が必要になっています。既設のグループホームで設置がされていない施設で、区分4以上が8割を超える施設も平成30年3月末までには設置をしなければいけません。

また、障害支援区分4以上の方が8割以下の場合は、500㎡を超える施設は設置が必要ですが、500㎡未満の施設は設置しなくてよいことになっています。1棟10床であれば500㎡を超える

【図表 25　グループホーム等における消防設備の設置義務】

＜（新設）平成 27 年４月～（既設※1）平成 30 年４月～＞

対象施設	スプリンクラー設備　※３		自動火災報知設備		消防機関へ通報する火災報知設備	
	改正前	平成27年4月～	改正前	平成27年４月～	改正前	平成27年4月～
【入所施設（障害児・重度障害者）、グループホーム（重度）】 ※消防法施行令別表第１（６）項ロ関係 ①障害児施設（入所） ②障害者支援施設・短期入所・グループホーム（障害支援区分４以上の者が概ね８割を超えるものに限る。）	２７５㎡以上	全ての施設 ※２を除く。	全ての施設		全ての施設 ★平成27年４月から基準を変更 消防機関へ通報する火災報知設備は、自動火災報知設備の感知器の作動と連動して起動するものとするよう基準を変更	
【上記以外（通所施設等）】 ※消防法施行令別表第１（６）項ハ関係 ①障害児施設（通所） ②障害者支援施設・短期入所・グループホーム（障害支援区分４以上の者が概ね８割を超えるものを除く。） ③身体障害者福祉センター、地域活動支援センター、福祉ホーム、障害福祉サービス事業所（生活介護、自立訓練、就労移行支援、就労継続支援）	６０００㎡以上 （平屋建てを除く）		３００㎡以上	利用者を入居させ、若しくは宿泊させるもの、又は、延べ面積が300㎡以上のもの	５００㎡以上	

※1　既存のグループホーム（新築、増築、改築、移転、修繕又は模様替えの工事中のものを含む）については、平成30年3月末までの猶予期間あり。
※2　障害支援区分の認定調査項目のうち、障害支援区分4以上で「移乗」「移動」「危険の認識」「説明の理解」「多動・行動停止」「不安定な行動」の6項目のいずれの項目も「全面的な支援が必要」「理解できない」「判断できない」等に該当しない者の数と障害支援区分3以下の者の数との合計が利用者の2割以上であって、延べ面積が275㎡未満のもの
※3　防火区画を設けること等による構造上の免除要件あり（別紙）

出所：厚生労働省「障害者の地域生活の推進に関する検討会」資料

面積のグループホームはあまりないと思いますが、一応、面積の確認も忘れずに行ってください。

スプリンクラーは、火災が発生すると水が出て火を消す装置です。この設備は、障害区分4以上の方が8割を超えるグループホームは平成27年4月よりすべて設置が義務づけられました。障害支援区分4以上の方が8割以下のグループホームは、2階建て以上で、6，000㎡以上のものだけ設置が義務づけられています。

消防設備については、少し複雑です。図表25にまとめましたので、参照してください。

第5章のまとめ

① 1住戸当たりの戸数を7以下にする理由は、運営事業者の給付費の5％減算があるためである。

② 1棟10戸のときは、1階5人、2階5人、または6人＋4人にする。

③ 事務所スペースは、不要な会社、本当に事務をする会社、宿直の寝室になる会社とあり、入る人と運営の仕方によって変わるので、入念な打合せが必要である。

④ 構造は、木造が規模やコスト的には合っている

⑤ 消防設備は、自動火災報知機はすべて必要。スプリンクラーと火災通報装置は、区分4以上が80％を超えるような重度の人が中心のグループホームだと必要になる。

第6章　家賃設定から管理までを検証する

1 家賃設定はこうしなさい！

実際の家賃は、２万円~５万円と幅があります。立地や広さ、周辺の家賃相場、新築、改装型などによって決められています。

家賃設定の基本的な考え方は、障害基礎年金で支払える範囲の家賃設定をするのが基本になってきます。

家賃設定の基本的考え方

障害者の収入は、障害基礎年金の額は2級で月額6万5，００8円、1級で8万1，２6０円になっています。その他に、１万円の家賃補助と就労支援事業所で働いた賃金になります。

B型就労事業所での1か月の給与の全国平均は、図表26のように平成28年で1万4，８３８円です。これは、あくまでも平均ですので、1万4，８３８円より少ない人もたくさんいます。さらに、1万4，８３８円からB型就労支援事業所で食べる昼食代も引かれますので、実際の手取りは1食３００円としても22日で6，６００円ですので1万円を切ります。

家賃以外の費用は、食費と光熱費になります。食費は月に約2万円、光熱費は約1万円。そうすると、障害基礎年金6万5，００8円＋家賃補助1万円－食費2万円－光熱費1万円＝4万5，

【図表 26　平成 26 年度平均工賃（賃金）】

施設種別	平均工賃（賃金）		施設数（箇所）	平成 25 年度（参考）	
	月額	時間額		月額	時間額
就労継続支援B型事業所（対前年比）	14,838 円（102.8%）	187 円（105.1%）	9,244	14,437 円	178 円
就労継続支援A型事業所（対前年比）	66,412 円（95.6%）	754 円（102.3%）	2,625	69,458 円	737 円

○　平成１８年度と平成２６年度の比較

対象事業所	平均工賃（賃金）〈増減率〉
工賃向上計画の対象施設（※）の平均工賃 ※ 平成 18 年度は就労継続支援B型事業所、入所・通所授産施設、小規模通所授産施設	（平成１８年度）12,222 円 →（平成２６年度）14,838 円〈121.4%〉
就労継続支援B型事業所（平成２６年度末時点）で、平成１８年度から継続して工賃倍増５か年計画・工賃向上計画の対象となっている施設の平均工賃	（平成１８年度）12,542 円 →（平成２６年度）16,097 円〈128.3%〉

出所：厚生労働省

００８円になります（図表27参照）。

その他に衣類などの生活用品が必要になりますので、２級ですと家賃は３万円～３万５，０００円が上限になってきます。仮に３万５，０００円の家賃ですと、残りは約１万円とB型就労支援事業所での工賃で生活用品を賄う計算になります。

【図表 27　毎月の入居者負担額】

食費	20,000円
光熱費・備品	10,000円
家賃	35,000円
家賃補助	▲10,000円
合計	55,000円

この金額の中で生活をやりくりしなければいけませんので、障害基礎年金をベースに生活するのは楽ではないということが理解できると思います。

もちろん、資産や収入の多い親御さんもいますので、４万円以上の家賃のグループホームは少し親御さんが負担していると考えられます。しかし、全員の親御さんが裕福なわけではないので、障害者年金の範囲で収まる家賃設定はとても重要になります。

グループホームを利用する障害者の多くの方は、生活保護を受けていますので、障害年金2級より多い10万円程度（地域によって違います）の支給があります。しかしながら、生活保護を受けている人の家賃は、これも地域によって上限が決まっていますので、高い家賃では貸せないことになっています。

ちなみに東京都で40，900円から53，700円、名古屋で37，000円、大阪で38，000円～40，000円です。

障害区分の高い人が多いグループホームですと、スプリンクラーや自動火災報知機、火災通報装置、場合によっては、エレベーターなどの設備費が大幅にかかりますので、建築費が高くなります。そうなると35，000円の家賃では、大家さんとしては採算的に厳しくなります。

2　入居募集の方法は

紹介先

入居募集の方法は、通常の賃貸住宅のように、大家さんが不動産仲介会社にお願いして募集する

【図表 28　施設サービス利用までの流れ】

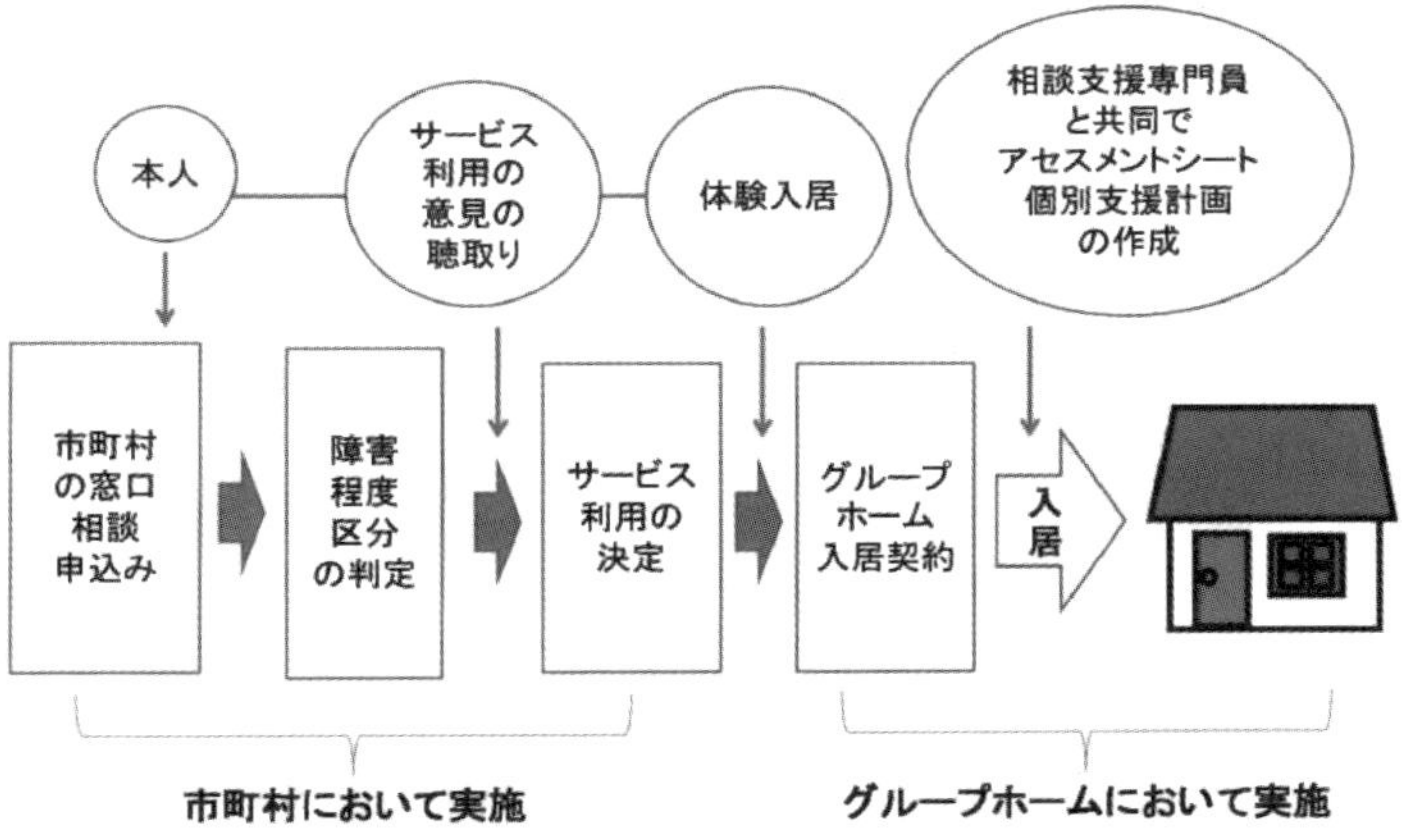

わけではありません。運営会社さんが入居者を募集します。

運営会社さんが声をかける先は、市役所の福祉課や障害者支援センター、社会福祉協議会、養護学校、病院、メンタルクリニック、父母会（親の会）などです。地域によってある施設とない施設がありますし、どこからの紹介が多いのかも多少違うようです。

3　空室の心配がいらない理由

毎月一定の家賃で借りてもらう

障害者グループホームの場合は、運営会社が一括で建物を借り上げてくれます。

例えば、１室３万5，０００円で10室あれば毎月35万円、年額で４２０万円になります。駐車場があっても、駐車場代は込みの契約が多いようです。

【図表 29　老人ホーム系と障害者グループホームの違い】

老人ホーム系	障害者グループホーム
大家さんから借りる家賃 45,000 円	大家さんから借りる家賃 35,000 円
介護事業者が入居者に貸す家賃 50,000 円	福祉事業者が入居者に貸す家賃 35,000 円
※現在では、大家さんから借りる家賃と同じか、逆ザヤでもっと安く貸している高齢者住宅も存在します。	※原則的に、家賃で利益を取ることは行政から禁止されています。

そして、たとえ入居者の出入りがあって空室ができたとしても、毎月の借上げ家賃の増減はありません。

その意味では、大家さんは空室の心配をする必要がありません。事務所や店舗をつくって貸している感覚に近いといえます。

老人介護との違い

老人ホームの場合、1棟20室で一部屋45，000円で運営会社に建物を賃貸した場合、50，000円で入居者には貸す場合が多いです。

大家さんに支払う家賃に5，000円の利益を乗せているということです。入居者の出入りがあるので、空室率を考慮しているともいえます。

しかし、障害者グループホームの場合は、行政の指導で、あまり家賃に利益を乗せることに対して推奨していません。「給付費をもらっているのだから、人件費等はそこで賄って、家賃や食費ではあまり利益を取らないようにしてください」というのが指導方針のようです。

この指導は、地域によって強い弱いがあるようですが、概ねこのような方針が多いのが実情です。ですから、運営業者は、いわゆるホテルコストと呼ばれる、家賃、食費、光熱費で利益を見込むことは難しいようです。

大家さんから1部屋を3万円で借りたら、基本的には入居者にも3万円で貸します。

ここが、老人介護と障害福祉との違いといえます。

4　運営会社の違いに見る障害者グループホーム

法人の種類

障害者グループホームを運営する法人には、様々な種類があります。ざっと列挙しますと次のようになります。

・株式会社
・有限会社
・合同会社
・一般社団法人
・医療法人

・公益社団法人
・公益財団法人
・特定非営利活動法人（ＮＰＯ法人）
・社会福祉法人

主な法人の特徴

法人の種類によって会計の基準や税金と取り扱いに違いがあります。この中で安定していて倒産の可能性が低い法人の1つが社会福祉法人です。内部留保の多い法人が多く、平たくいうと半分は公共機関のような性格があるので業績が悪くなっても、合併はあるかもしれませんが、倒産はまずないといってもいいのではないでしょうか。決算内容もＷＥＢ等で公開されています。

特定非営利活動法人（以下、ＮＰＯ法人と呼称）は、非営利といっても、適正な利益がなければ長期にわたって法人を維持していくのは不可能になりますので、利益を出さないということではありません。株式会社等の営利法人と違うのは、利益を株主や社員で分配するのではなく、事業への再投資に使わなければいけないということです。この点が大きく株式会社等と違うところです。

また、非営利のため、ある一定の規模でないと銀行の融資が受けづらいということがあります。

社会福祉法人やＮＰＯ法人には、特別な補助金や寄付金が多いといえます。大企業が行う寄付の応募要件がＮＰＯや社会福祉法人であったりします。

第7章　資金調達と補助金の活用

1　銀行融資の注意点

銀行融資

通常の賃貸住宅を建築するときもそうだと思いますが、地主さん、大家さんは、融資で建築資金を賄う場合が多いと思います。同じく障害者グループホームの建築資金も、大半の場合は、銀行の融資を利用します。

融資は、通常の賃貸住宅と同じように、計画の事業性、建築する方の資産や収入、職業などの属性、担保評価によって金利を含め融資の可否が決まります。

通常の賃貸住宅の融資との違い

通常の賃貸住宅の融資と違うのは、建築した物件を借りてくれる運営事業者の経営状況も審査の対象になることが多いことです。ですから、運営事業者の決算書の提出を求められることがあります。

理由としては、家賃は運営事業者の事業運営能力に依存しているといえるので、銀行としては、どんな運営事業者が運営するのか見させてください、ということになります。

ただし、１００％というわけではなく、運営事業者の決算書の提出まで求められないことも何度かありました。

これは、融資を申し込む金融機関の考え方によって違います。

銀行融資の注意事項

注意したほうがよい内容としては、駐車場も少なく、小さい土地に多くの部屋数を建築しますので、土地の資産評価の低いところで建築すると、その建築地と建物だけでは、担保が足りなくなる場合があることです。

もし、そうなると、別の土地を担保に入れるか、自己資金を出して融資額を減らすという対応が必要になります。

また、借入期間は、木造の場合25年までという銀行が多いです。鉄骨や鉄筋コンクリートで建築する場合は30年や35年の融資が可能になります。

そして、できれば運営会社の賃貸借期間は、融資の返済期間と同じにすると、大家さんとしては安心できると思いますので交渉してみましょう。

銀行融資の必要な書類は、図表30にまとめましたので参考にしてください。

ただし、銀行によって、多少求められる書類が違ってきますので、これはあくまで基本的な書類として考えてください。

【図表 30　融資申込みに必要な書類】

▼建築会社で用意できるもの

□　物件所在地図

□　公図

□　測量図

□　土地登記簿謄本

□　建物図面

□　事業収支計画書

□　工事見積書

□　諸経費一覧（費用負担割合表）

□　路線価図

□　新築の場合は確認申請書控

▼　大家さんが用意する書類　又は委任状が必要な書類

□　土地固定資産税評価証明　又は名寄せ帳

□　建物固定資産税評価証明　又は名寄せ帳

□　住民票　又は　戸籍謄本

□　印鑑証明書（本人及び保証人・審査の段階では不要。但し、幣社で納税証明書を委任状でとる場合は必要）

□　所得を証明するもの

☆　法人の役員の方

法人決算書（３期分）

確定申告書（３年分）

納税証明書その１、その２（３年分）

☆　個人事業者の方、確定申告をしている方

確定申告書（３年分）

納税証明書その１、その２（３年分）印鑑証明書が必要

☆　サラリーマンの方、確定申告をしていない方

所得証明書又は源泉徴収票（３年分）

※他に担保提供する場合

□　物件所在地図　□公図　□土地・建物登記簿謄本　□土地・建物固定資産税評価証明書

▼運営事業者に用意してもらうもの

□直近３年分の決算書

□銀行によっては、グループホームの事業計画書

2　日本政策金融公庫を利用した融資

日本政策金融公庫の特徴

日本政策金融公庫（以下、日本公庫と呼称）は、正式には株式会社であり、政府が株式を保有している政府系の金融機関です。主に事業に対して貸し付けてくれる金融機関です。賃貸住宅も不動産貸付業という事業と捉えて融資をしてくれます。事業の他には教育ローンも行っています。

日本公庫の特徴は、全期間固定金利で貸してくれるので、金利上昇リスクがないところです。ただし、設備資金は20年が一番長期の借入期間になりますので、市中銀行よりは返済期間が短いため、月々のキャッシュフローは銀行よりは悪くなりますが、早く借入が終わるため、金利条件が同じであれば最終的に残るキャッシュは多くなります。

信用金庫や地方銀行の場合は、その金融機関の営業エリア内しか融資できません。しかし、日本公庫の場合は、融資エリアは全国ですので、自分の所有している土地が遠方でも利用できます。

いろいろな融資制度の枠があり、申込者にどの制度が一番いいか検討して案内をしてくれます。弊社のお客様で、障害者グループホームの建築資金調達に日本公庫を利用した方がおられますが、その方は女性でしたので、「女性・若者／シニア起業家支援資金」という制度を利用しました。

全期間固定金利で借りたい方、相続対策ではなく、長期保有でも早く返済を終えたい方に向いている金融機関といえます。

筆者は、20年以上前の日本公庫が国民生活金融公庫のときからお客様に紹介していました。そのときから感じていることですが、支店によって借入期間などが微妙に違っていて、通りやすい支店とそうでない支店があります。自宅住所や勤務先、お客様の強い要望によって支店を決めれますので、周りから情報を得て、通りやすい支店や借入期間の長い支店での融資をおすすめします。

その他の政府系金融機関

よく間違えられるのは、住宅金融支援機構（旧住宅金融公庫）です。日本政策金融公庫が事業に対して融資をするのに対し、住宅金融支援機構は、純粋に住宅の建築費や購入費に対して融資をします。ですから、賃貸住宅も融資対象になります。

しかしながら、アパートやマンションのように各部屋に個別の水回りがある物件には融資してくれますが、シェアハウスや寮のようなタイプ（寄宿舎）でお風呂やトイレが共用で各部屋にないものは融資対象になっていません。

その他の例では、サービス付き高齢者向け住宅には融資しますが、各部屋に水回りのない住宅型有料老人ホームの建築費には融資しません。したがって、残念ながら、住宅金融支援機構では、障害者グループホームの融資は行ってくれません。

昔は、住宅金融公庫と呼んでいましたし、日本公庫も政策公庫と呼ばれていましたので、初めての方には間違いやすいので注意が必要です。

3　補助金

東京都の場合

東京都は、恐らく全国でも一番優遇されている地域だと思います（図表31参照）。多くの自治体では、運営事業者が自ら建築したり改修工事をしないと補助金をもらえないケースがほとんどです。

しかし、東京都は、改修工事だけですが、「オーナー改修型」補助金という制度があり、大家さんの所有している建物でも、大家さんが行う工事に対して2分の1の補助金が出ます。

もし、既存の建物を改修して貸す場合は、ぜひこの制度を利用してみることをおすすめします。

愛知県の場合

愛知県においては、運営事業者が４人以上10人以下のグループホームを建築をする場合、10万人以上の都市については総事業費の４分の３または2，３１０万円のどちらか少ないほうの金額が補助金となります（10万人未満の場合は2，２００万円）。

【図表 31　補助金制度の活用事例】

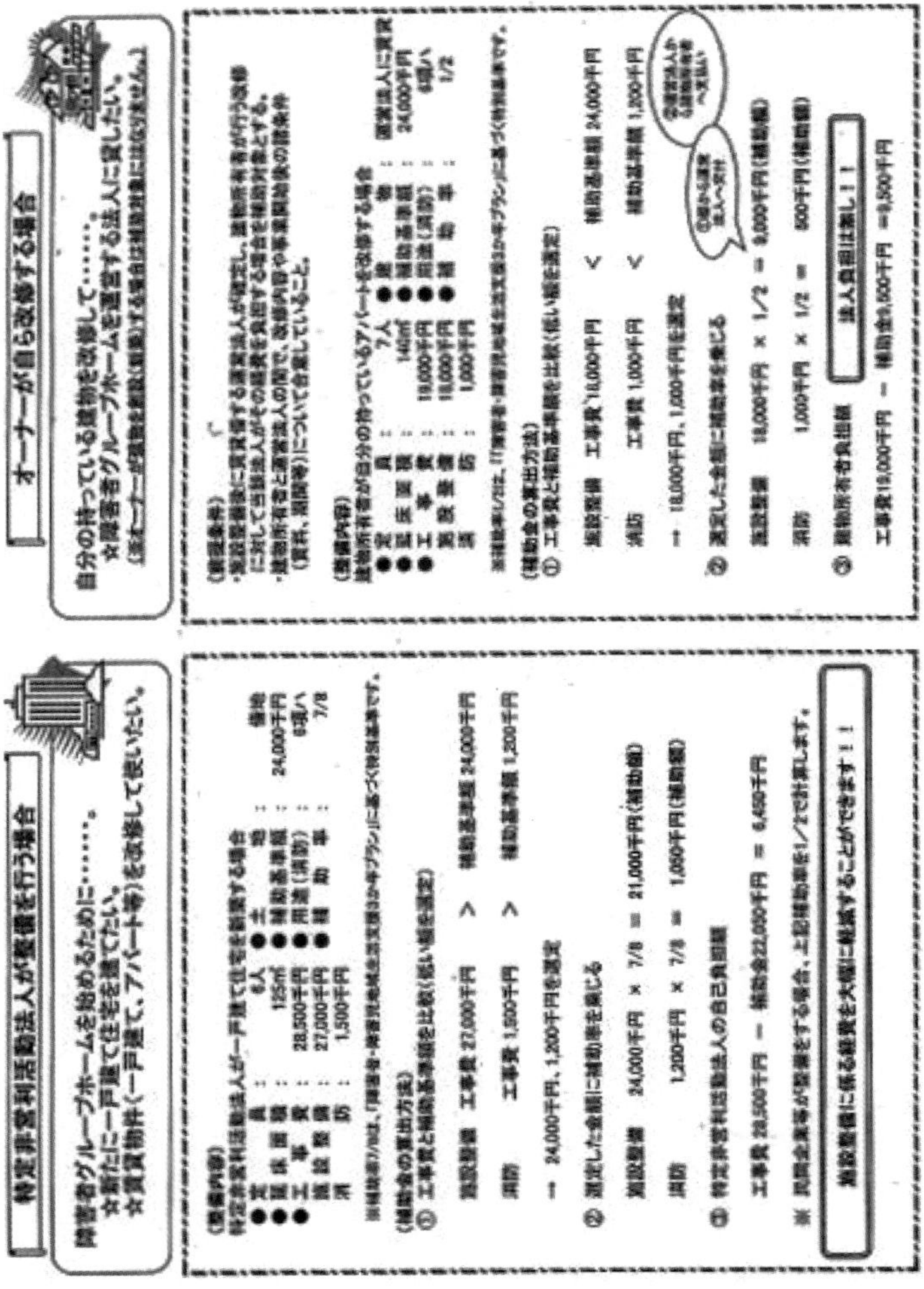

出所：東京都福祉保健局

ただし、こちらは、申し込めば全員の方に出るのではなく、予算の範囲で、かつ不足している地域のグループホームが優先されます。ですから、場所や企画によって出る出ないが決まります。

昨年は、30件の申込みで採択されたのが10件。１昨年が60件の申込みに対して10件の採択とのことでした。例年６月下旬に締切りをするそうです。

もう1つの基準は、社会福祉法人かどうかです。正確にいうと、申込みは、社会福祉法人やＮＰＯ法人、株式会社などの営利法人でもできます。しかし、公共的な立場の法人から優先的に予算が出るようで、現実的にはほとんどが社会福祉法人中心の補助金になっているようです。

そして、期間ですが、申込みから審査、建築、完成までおよそ2年はかかるということですので、長期計画で臨む必要のある補助金です。

残念ながら、大家さんには補助金は出ません。いわゆる建て貸しのケースでは、補助金は出ないのです。運営事業者が土地を所有しているか、土地を借りるかして自ら建築する場合に限られます。

4　まだある補助金

入居者に対する補助金

入居者の支払う家賃に対して補助が１万円あります。これは、国の補助金で、全国どこでも一律です。この部分は、運営会社は皆知っているので、このお金を織り込んで入居費用を決定しています。

運営事業者向けの休日助成金

これは愛知県独自の助成金です。内容は、土日のグループホームで支援をした場合に出る補助金です。

グループホームでは、土日に支援をしないところもありますし、国からの給付はないが支援をしているグループホームもあります。そんな中でこの助成金は、平成28年の金額では、区分2〜区分6までは1人1日当たり2，210円（区分1以下は1，255円）の助成金が出ます。こちらも社会福祉法人かNPO法人しか出ない補助金になります。

これを試算してみると、年額では結構な金額になります。仮に区分3平均で20人のグループホームで、土日は少なく見積もって月に8日で計算すると、次のようになります。

20人×2，210円×8日／月×12か月＝4，243，200円

福祉の場合、人件費はあまり高くありません。そうなると、施設長クラスの年収分くらいの金額の助成金になります。

愛知県の担当者に聞くと、この助成金は愛知県独自ですので、申請する事業者も増えてきたことから、徐々に少なくする方向なので、ずっとあるとは限らないとのことでした。

第8章　障害者グループホームの大家としての9つのメリット

1　障害者グループホームのおすすめの業態

どんな障害者に入居してもらうか

障害者グループホームは、障害者の施設の中で、おすすめの土地活用法です。

その理由は、障害支援区分の1～4くらいまでの方へ提供するのであれば、建物のコストは安くなるからです。

家賃は、障害年金等を考えると25，000円～35，000円くらいまでが妥当です。

家賃は、現状のその地域のグループホームの家賃相場と新築と中古物件との家賃相場の違いで決定することが必要です。後は、総額でいくらになるかです。

どんな入居者ターゲットなのかという運営事業者さんの考え方もありますので、大家さんだけでは決められない部分になりますから、事前に調整が必要です。

その低い家賃で、障害支援区分の高い方を中心に考えると、スプリンクラーなどの設備をつけなければならないので、とても建築コストが高くなります。

そして、身体障害者の重度の方を対象にしたグループホームですと、こちらもスプリンクラーに加えエレベーターなども必要なので、非常に建築コストがかかります。

そうなると、知的障害者と精神障害者の障害支援区分の低い方を対象に福祉事業を営んでいる運営事業者さんとパートナーシップを組むのがベターだと思います。

そうすることによって、収支も何とかギリギリ合ってくると思います。このピンポイントの企画と、運営事業者さんとの出会いで、この事業の成功が決定づけられるといっても過言ではありません。

コストダウン

コストダウンについては、まずは消防設備です。スプリンクラーがとにかくお金がかかります。建築業者さんによって金額は違うと思いますが、タンク式のものでおよそ３００万円～４５０万円くらいかかります。

これをかからなくする方法があります。それは、障害の区分が4以上の人を80％以下のグループホームにすることです。

運営会社によって、障害の程度が重度の方中心か軽度の方が中心かが違いますので、軽度の方中心のグループホームにすることです。

運営事業者さんの中には、将来またスプリンクラーが必要になることも考えられるので、軽度中心でも最初からスプリンクラーを大家さんのほうでつけて欲しいという事業者さんもいます。

もちろん、ないよりあるほうが万が一のときに安心ですし、ないよりあったほうが入居の際に入居者さんやその家族にアピールができるでしょう。

しかし、いくら福祉・社会貢献といえども事業ですので、大家さんもある程度のリターンもないとリスクだけでは投資できないと思います。

大家さんとしては、軽度～中度の方中心のグループホームを運営したいという事業者とパートナーシップを組むことが一番のコストダウンにつながります。

2　障害者グループホームでやってはいけないこと

地域で違う行政の対応

障害者グループホームは、その行政ごとに細かい基準が少しずつ違います。

例えば、平成27年4月の新築1棟20室から10室プランに変更の際も、各県で少しずつ提出書類や基準が違いました。平成27年3月完成物件まで1棟20室の計画を認める行政や平成27年3月着工物件までなら20室の計画を認める行政があったのです。

平成27年4月以降では、今度は同一の敷地で2棟20室（1棟10室×2棟）を認める行政と認めていない行政があります。

その他にも、同じ1棟の中に他の障害者施設をつくることを認めている行政と認めていない行政、他の障害者施設を同一敷地につくることを認めている行政と認めていない行政があります。

また、同じ福祉課でも、ある担当者は通常のキッチンに対して何も言いませんでしたが、同じ行政の中でも担当が違うと「対面キッチンにして欲しい」と言われたこともあります。

ですから、この図面はこちらの行政では使えても、こちらの行政では使えないということがしばしば起こり得ます。

したがって、各福祉課へは、事前に必ず確認に行ってください。相談に行かずに計画をすると、後から認められずに計画変更が起こったり、建築費が上がったりする可能性があります。

そして、相談に行ったら、担当した人の名前と日時と内容を必ずメモしておくことです。

開所のスケジュール

障害者グループホームは、建築請負契約をする前までに、運営会社と福祉課に行き、図面の相談をします。ここで、行政側と打合せを行い、設備の基準などを満たしているかチェックしてもらいます。

運営を始めようとするときには、２か月前までに行政に申請をしなければいけません。例えば、4月にオープンしたい場合は、１月には事前相談に行きます。ちなみに、これは大家さんがすることではなく、運営会社が行います。そして、２月の末までには申請を行います。

行政によって違いますが、申請の段階で、家具を入れて写真を撮影し、申請書に添付しなければ

【図表32　障害者グループホーム工事と開所のスケジュール】

	11月	12月	1月	2月	3月	4月	5月	6月	7月	8月	9月
借入申込み・審査		↔	↔								
企画・賃貸契約書確認	↔	↔									
工事請負契約・賃貸契約		↔									
測量		↔									
実施設計			↔	↔							
施設届出事前相談	↔							↔			
建築確認申請等				↔							
地鎮祭				↔							
地盤調査			↔								
地盤改良工事					↔						
工事期間					↔	↔	↔	↔	↔ 7月20日クリーニング完了		
検査・手直し・お引渡し									↔		
施設届出写真提出									20日～末日		
障害福祉課　現場検査										10日～20日 ↔	
オープン　入居開始											↔

ばいけない行政もありますし、検査のときでいいという行政もあります。

そして、その申請に基づき、３月に福祉課が現地を実際に見に来ます。

検査項目

行政の現場検査では、しっかり設備基準を満たしているか。備品は揃っているか。申請図面と違わないか、などのチェックが行われます。部屋の広さは、実際に行政がメジャーで測ります。備品も最初に届け出しておいた備品が置いてあるかをチェックします。そして、トータル的にすぐにオープンできる状態であるかどうかの検査がされます。

その他には、安全面のチェックもあります。行政によっては、ガラスに飛散防止用のフィルムを貼るか、網入りガラスか強化ガラスにしてください、という指導をしているところもあります。

筆者は、価格が安いので、飛散防止フィルムを提案しています。準防火地域の場合で、延焼ラインにかかる場合は、網入りガラスにしなければいけないので、その場合はフィルムは貼りません。強化ガラスも価格が高いので提案していません。

２階の窓は、転落防止用に手すりをつけてくださいと言われる行政もあります。

現場検査で注意しなければいけない項目をまとめた一覧を行政が持っている場合もありますので、一覧をもらっておくと安心です。

3　管理費がいらない

管理費

通常の賃貸住宅は、管理費がかかります。家賃の保証がない場合で３％～５％です。

一括借上げの場合は、管理費は不要ですが、実際の転貸家賃の85%～90%程度しか大家さんに入ってきません。

高齢者住宅の場合も管理費は不要ですが、実際に入居する人が運営会社に支払う家賃とそこから大家さんに支払う家賃では、10%ほどの開きがあることはよくあることです。45，000円で大家さんからお部屋を借りて、入居者には50，000円で貸すということです。

なぜならば、高齢者住宅も入居者の出入りがあるので、その10%で空室損を賄っているからです。しかしながら、障害者グループホームの場合、行政によっては、その10%の差を認めていないところもあります。大家さんから30，000円で借りたら、障害者の方にも30，000円で貸しなさいと…。要は、「福祉ですから家賃の差額で儲けるのは、やめてください」ということです。

ですから、運営事業者さんは、このグループホームは、高齢者住宅のように家賃や食費などのホテルコストで利益を得ることができないので、儲かる幅が少ないと思います。

宣伝広告費

通常の賃貸住宅は、大家さんなり、管理会社さんが、仲介会社さんにお願いして入居者を探してもらうのが一般的です。そして、入居者が決まったら、大家さんも仲介手数料か広告宣伝費の名目で、家賃の0・5か月分～3か月分程度の手数料を不動産仲介店に支払います。

しかしながら、この障害者グループホームは、すべて一括で運営会社（福祉事業者）に貸しますので、入居者の出入りがある度に、広告宣伝費が必要ということはありません。

単身者向けの賃貸住宅で、10室持っていて、平均入居年数が2年だとすると、1年に半分が入れ変わることになります。そして1か月で入居が決まったとして、広告宣伝費を1か月支払ったとして試算してみましょう。

【図表33　一般単身用賃貸住宅と一括借上げの障害者グループホームの実質売上比較】

①　**一般単身用賃貸住宅の前提条件**

・家賃：４万円
・平均入居期間：２年
・部屋数：10室
・管理費：５％
・平均空室率：10％

●満室時の売上

４万円×10室×12か月＝４，８００，０００円……A

●入居率90％の場合の収支

管理費：４万円×５％×10室×90％×12か月＝２１６，０００円……B

空室損：４８０万円×10％＝48万円……C

広告宣伝費：４万円×５室×１か月＝２００，０００円……Ｄ
実質売上：４８０万円（Ａ）－21・６万円（Ｂ）－48万円（Ｃ）－20万円（Ｄ）＝３９０万円（Ⅰ）

②　一括借上げの障害者グループホームの前提条件

・家賃：３５，０００円
・部屋数：１０室
・管理費：なし
・空室率：なし

●売上：３５，０００円×10室×12か月＝４，２００，０００円……（Ⅱ）
比較すると、３９０万円（Ⅰ）＜４２０万円（Ⅱ）になります。

ですから、仮に、ⅠとⅡの建築費が同じかⅡのほうが安ければ、利回りはⅡのほうがよくなる計算になります。

ただ単に満室時の売上だけ見ますと、一般的な賃貸住宅のほうが満室時に４８０万円の売上ですので、障害者グループホームより年間に60万円ほど多いですが、管理費や広告宣伝費（仲介手数料）や空室率まで考えると、障害者グループホームのほうが手元に残る金額が多いことがわかります。

もちろん、空室率がもっと少なかったり、家賃がもっと高いエリアであれば、この計算もまた変わってきます。

4　原状回復費用の負担は

原状回復費の負担

通常の賃貸住宅の場合、昨今の原状回復費は、入居者の負担は故意過失の部分だけで、通常損耗部分は大家さんの負担です。特にファミリータイプで長期間住んでいた入居者が退去した場合は、結構まとまった額の修繕が必要になります。

そうなると、必然的に大家さんも退去の度に少なからず出費が出てきます。昨今は、東京ルール、原状回復をめぐるトラブルとガイドライン、消費者契約法などにより裁判の判例もかなり入居者寄りで、退去時に入居者からリフォーム代をもらうのがかなり難しい時代になりました。

また、賃貸住宅の数も増えて、完全に買い手市場になってきたので、礼金や敷金をもらったり預かったりできる金額も下がっています。

建築する前に、企画段階で収支の計算をしますが、この原状回復費用に関しては計算しづらく、経費に入れていない場合が多いです。

そのため、実際に賃貸住宅経営をしてみると、当初計画していなかった経費が多く、思ったように収益が残らないということが起きます。

しかし、障害者グループホームのように一括で運営会社に貸してしまう場合は、原状回復費用は通常は入居者と運営会社との問題なので、大家さんには関係ありません。したがって、予想外の出費が少なく、とても計算しやすい経営ができることになります。

5　駅から遠い2等地でも土地活用できる

立地よりも評判

通常の賃貸住宅は、何といっても立地が勝負。駅が近い1等地に人気があります。

しかし、高齢者住宅や障害者グループホームの場合は、そこまで1等地にこだわらなくても大丈夫です。なぜなら、入居者が普段自分でアクティブに動くことが少ないからです。通勤も自分で公共交通機関を使って会社に行く人もいますが、多くはバス等で送迎があります。

確かに、スタッフの通勤や入居者のご家族の面会、入居者の外出などで、駅が近いにこしたことはありませんが、それよりも病院と同じでそのグループホームの運営会社のスタッフの1人ひとりの普段の対応からの評判が大事です。

あなたが病院を選ぶときは何を基準に選びますか。確かに、建物は古いより新しいほうがいいですし、立地も悪いよりよいほうがいいでしょう。

しかし、本質的には、腕のよいドクターが親身になって治療に取り組んでくれ、親切な看護師がいたり、ベッドがタイミングよく空いていたりといった理由で選ぶほうが多いのではないでしょうか。

介護や福祉も同じで、評判のいい介護やサービスが一番大切です。ハードよりもソフトなのです。

6　アパ・マンと違って家賃下落が少ない

家賃下落リスク

アパート・マンションは、建築して5年、10年が過ぎると、家賃が下落してくるのは周知の事実です。各ポータルサイトでは、築20年や30年以上の物件は検索もされません。なぜなら、検索エンジンにそういう検索の選択肢がないからです。

障害者グループホームは、家賃の下落が全くないとはいいませんが、通常の賃貸住宅と比べると家賃の下落は少ないと予想しています。

その理由は、先ほどの病院の話と同じで、腕のいいドクターがいて、しっかり病気を治療して治してくれれば、病院が古いのは、清潔にしていればそんなに問題ありません。

もともと障害者グループホームの家賃は、高くありません。名古屋市や名古屋近辺で３０，０００円～３５，０００円程度です。この家賃設定は、単身用のアパートの家賃相場より2割から

3割は安くなっています。そして、現状では、不足している状況で新築がそもそも少ないということを考えると非常に下落幅は少ないと思います。

また、新築時に10万円の家賃が10年経って2割下がって8万円の家賃になったという話は、よく聞くことです。しかしながら、3万円の家賃が10年経って2割下がって24，000円になるのは、家賃が元々安い障害者グループホームでは考えにくいと思います。

7　新築でも高利回り

最大11％の利回り

新築、特に大手の建築会社の賃貸住宅では、表面利回りが7％～8％というのはよくある話です。それは、一括借上げシステムで、家賃の15％程度が差し引かれているということもありますし、大手なので建築費が高いということもあるでしょう。

障害者グループホームでは、筆者が建築してきた限りでは、幅としては8％～10％程度で平均的には9％程度あります。

しかし、条件がいい場合は、11％ということもありました。この条件というのは、次のようなものです。

Ａ、土地がすでに整地されている平らな土地で造成費がかからない。
Ｂ、家賃３５，０００円で借り上げてくれる。
Ｃ、消防設備でスプリンクラーと自動火災通報装置が不要。
Ｄ、準防火地域でないこと。
Ｅ、２棟20室などの複数棟建築する。

これらの条件が揃うと、11％程度の利回りも可能になります。

ＡからＥの内容を詳しく説明します。

Ａは、田んぼのように土地が道路より低かったり、高い場合、土を盛ったり、鋤取りをしなければならず、造成費が必要になります。そのための費用がかさみます。しかし、平坦な土地であれば、そのようなお金がかかりません。

家賃設定のＢについては、新築ですと３０，０００円から５０，０００円くらいの幅で設定されることが多いですが、４万円以上の施設は、重度の方のグループホームなどでエレベーターがついていたりして設備がより充実しています。

今回は、Ｃのようにスプリンクラーや火災通報装置がない場合なので、３０，０００円～３５，０００円という家賃帯が多いのですが、３５，０００円で借り上げると運営事業者さんが言ってくれれば、大家さんとしてはラッキーです。

Ｄの防火地域が防火指定なしか22条区域であれば、サッシなどを網入りガラスなど準防火仕様にしなくてもいいので建築費が安くすみます。

Ｅの２棟以上については、複数棟建築することによって、１棟当たりの建築コストを下げることができます。

【図表34　利回り11％の例】

規模：障害者グループホーム２棟20床
家賃：１室３５，０００円
建築費：７，６３０万円
年間家賃：３５０，０００円×20室×12か月＝８４０万円
８４０万円÷７，６３０万円×１００＝約11％

8　今後も拡大する事業

下りのエスカレーター

日本では、２００７年から人口の減少が始まっています。

【図表35　一般世帯人員・世帯数および平均世帯人員】

1. 一般世帯人員と一般世帯総数（図1）

全国の将来人口推計（出生中位・死亡中位推計）によると，日本の総人口は2010年以降長期にわたって減少が続く．今回の推計によれば，一般世帯人員の動向は総人口と概ね同様の傾向を示す．結果表1にみるように，一般世帯人員は2010年の1億2,555万人から毎年減少し，2035年の一般世帯人員は1億909万人と，2010年に比べ1,645万人少ない．

これに対し一般世帯総数は，図1にみるように，2010年の5,184万世帯から2019年まで増加を続け，5,307万世帯でピークを迎える．その後は減少に転じ，2035年の一般世帯総数は4,956万世帯と，2010年に比べ229万世帯少ない．

2. 平均世帯人員（図2）

人口減少局面に入っても世帯数が増加を続けることは，世帯規模の縮小が続くことを意味する．一般世帯の平均世帯人員は，2010年の2.42人から2035年の2.20人まで減少を続ける．ただし，変化の速度は，図2にみるように次第に緩やかになると見込まれる．

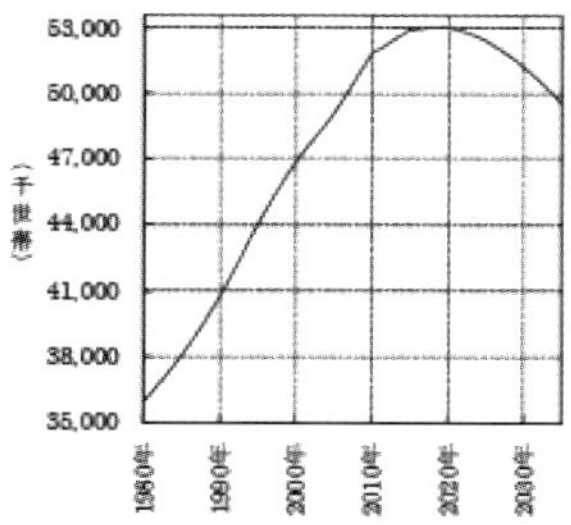

図1. 一般世帯総数の推移

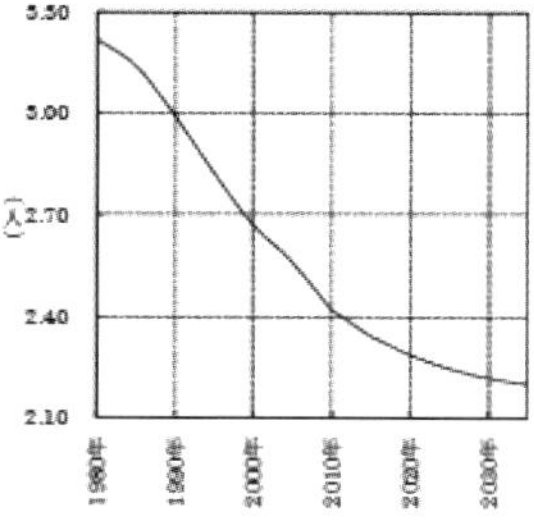

図2. 平均世帯人員の推移

出所：人口問題研究所

世帯数は、前回の国勢調査までは、２０１５年から減少するとの推計でしたが、２０２０年までは世帯数は増加し、その後減少に転じると推計が変更されました。

これは、単身世帯が増加しているのですが、独居の高齢者、晩婚による単身世帯が増えていると予想できます。

しかしながら、あと5年ほどで、世帯数も減ってくることが予想されています。

その中で、増加するのは、

言わずと知れた高齢者です。

しかし、高齢者住宅（サービスつき高齢者住宅や有料老人ホーム）は、一般的にかなり認知されてきており、地主さんの中でも土地活用の選択肢に入ってきています。

しかし、人口減の中で一般的なアパート・マンションは、よほど立地がよくない限りは、下りのエスカレータにあえて苦労するために乗るようなものです。いろいろなノウハウや知識を駆使しないと満室はおぼつかない状態になります。

右肩上がりのエスカレーターに乗る

まだ注目されていないのが、障害者の住まいである障害者グループホームです。

障害者グループホームも、毎年9，000室ほどずつ増えてきてはいますが、まだまだ不足しています。

愛知県では、第3期障害福祉計画の際に、平成22年に2，266床あった障害者グループホームを平成26月3月までに4，532床までに4年間で倍増させたいという目標を立てていました。しかし、平成26年3月末になっても3，270床にしか増えませんでした。

障害者は、全国で毎年およそ9，000人ほど増加しています。需要があるということは、入居が埋まりやすいということでもあり、安全ということです。そして、困っている方を助けることになり、社会貢献にもなります。

【図表 36　施設等から地域への移行の推進】

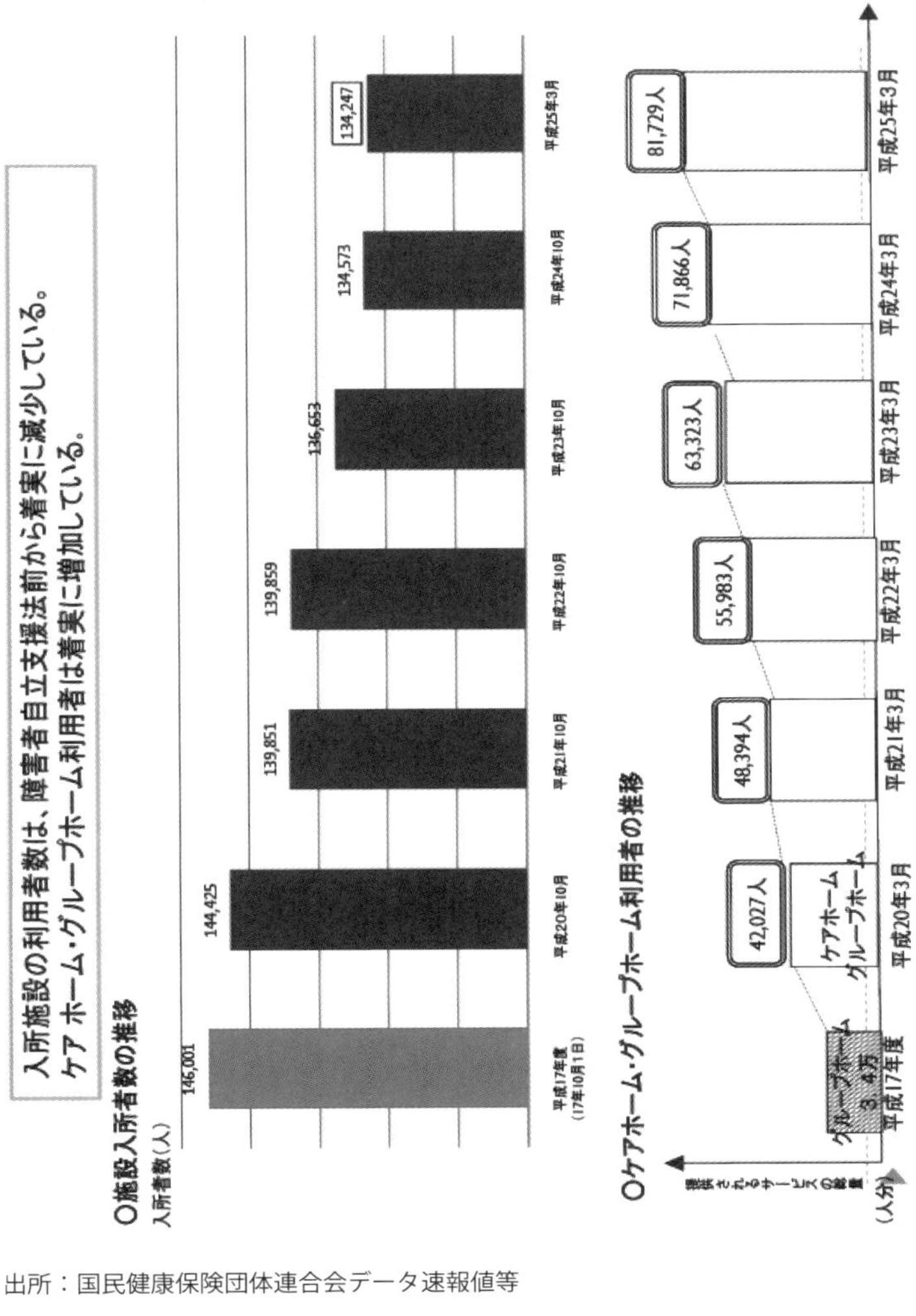

出所：国民健康保険団体連合会データ速報値等

9　相続税対策はこれで決まり！

税制改正とアパート建築

平成27年度に相続税の改正があり、1月1日から施行されました。この改正によって、建築会社は、大家さんや地主さんに対し、相続税対策でアパート・マンションの建築をより積極的にすすめてくるでしょう。

しかし、駅が近いとか、人口増が今後も見込める等、立地がよほどいい場所であればいいのですが、今後人口が減っていく中で、全員がアパート・マンションを建築するというわけにはいかないでしょう。

とはいえ、地主さんは、市街化地域に土地を所有していると、固定資産税の負担や相続税、そして土地の管理等で何らかの形で土地を有効活用するか、売却をすることが必至になります。

土地の有効活用を選択をしたときには、何をするか迷うと思います。

選択肢はたくさんあります。アパート、マンション、戸建賃貸、貸し駐車場、コインパーキング、高齢者住宅、店舗、事務所、借地…。

その選択肢の1つに、ぜひ、障害者グループホームも加えてみてください。

【図表37　障害者グループホームは相続対策にも有効】

相続で分割も可能。１期、２期工事に分けたり、就労支援施設併設プランも検討できる。

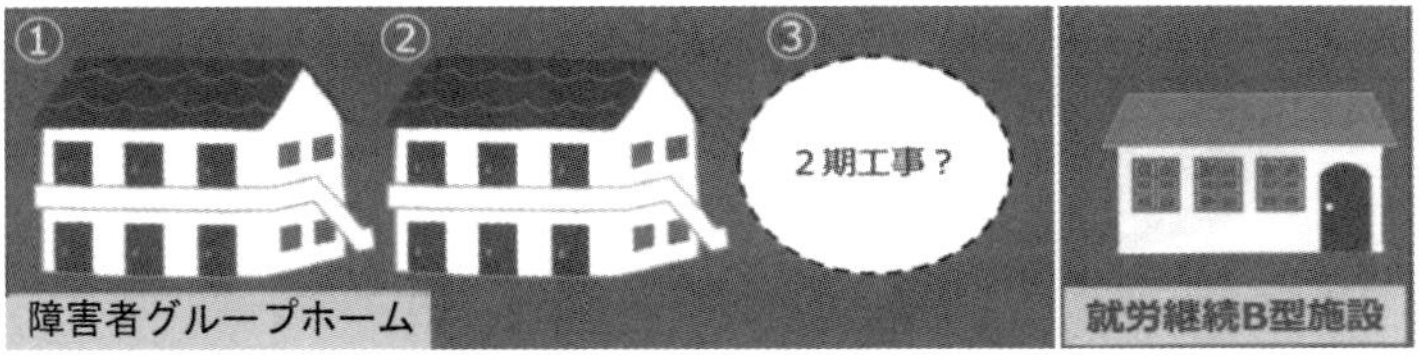

障害者グループホームが分割対策にも有効

もちろん、全国どこでも不足しているとはいいません。自分の地域でどれくらい障害者グループホームが不足しているか調べてみてください。各行政の福祉課や社会福祉協議会等に聞くとすぐにわかります。

どうして、相続対策に向いているかというと、１棟10室のものを２棟、３棟と建築する場合、相続人に分けることができます（図表37参照）。戸建賃貸と同じ方法です。

また、２棟、３棟建ててもまだ土地が残っている場合で、行政の了解がとれるときは、他の障害者施設を併設することもできます。

通常の賃貸マンションの場合、１棟で20室あっても、それを割って相続できないことを考えれば、かなり有利なことがわかります。

もちろん、兄弟で共有で相続することはできますが、後々の管理や処分の観点から身動きが取れなくなる恐れがあります。

ですから、何人かの相続人で不動産を相続する場合は、売って相続税を払うための土地以外は、必ず各個人別に相続しないといけません。

このような観点から、この障害者グループホームは、相続対策には向いているのです。

第8章のまとめ

① 大家さんの収益とのバランスを考えると軽度の人中心のグループホームでスプリンクラーや火災通報装置を付けなくてもいいグループホームがベターである。
② 障害者グループホームは地域の行政で細則が違うことが多いので福祉課への事前相談は必ず行うこと。
③ 管理費や宣伝広告費がいらないのは大家さんにとってはメリットが大きい。
④ 原状回復費も不要である。
⑤ 駅から遠い2等地でも建築可能。
⑥ 通常の賃貸住宅と違い家賃下落が少ない。
⑦ 新築で一括借上げでも高利回りで。
⑧ 今後も拡大する事業。
⑨ 相続税の節税対策としてもアパートと同じように節税効果がある。
⑩ 相続税の分割対策としても、複数棟建築することで、長男・次男・三男等、棟ごとに大きな土地でも複数の相続人に分割することができる。

第9章

実際の収入モデルと成功のポイントをこっそり伝授しよう！

1　比較的小さい土地から活用できる

土地・床面積

障害者グループホームの延床面積は、概ね200㎡～220㎡くらいあれば、1棟10室できます。部屋の大きさや、廊下幅、事務室の大きさと数、水周りの大きさと数、LDKの大きさによって延床面積が変わります。

この各項目の内容は、各行政の基準と運営会社さんの考え方、そして入居する障害者の障害支援区分によって変わります。入居者が障害支援区分が低く、より健常者に近い場合は、設備は健常者並みの簡単なものでいいでしょう。

高齢であったり、障害支援区分が高い方が入居する予定ですと、車椅子の対応をしなければいけないなど、設備はより介護対応になり、高額になっていく傾向にあります。

駐車場は、1棟10室であれば2台、1棟20室であれば4台程度は必要になります。

これらを勘案しつつ、今まで筆者が多くのプランを作成した経験から、1棟10室ですと土地の大きさは70坪～80坪くらいあれば十分かと思います。

もちろん、土地の形や道路のつき方によって違いますので、概ねそれくらいと思っていただけれ

【図表 38　障害者グループホームの土地の広さと戸数の目安】

土地の広さ	40 坪	50 ～ 70 坪	100 ～ 140 坪	200 坪
戸数の目安	１棟７床	１棟 10 床	２棟 20 床	２棟 20 床＋Ｂ型就労支援事業所

ばと思います。

平成27年３月以前の物件で効率のよかったのは、80坪で14室入ったプランも２つほどありました。ただし、そのときは、駐車場が２台しか敷地内に配置できなかったので、近隣であと２台を借りてもらうことになりました。

建物の構造

２００㎡程度の建物ですから、２階建ての木造建築で十分です。間違っても鉄筋コンクリートや重量鉄骨で計画してはいけません。

なぜなら、福祉で家賃が安いわけですから、ある程度、それに合わせた建築費で建築しなければいけないからです。

そうなると、木造がピッタリの構造です。

2　大きな声では言えない収支の内容

障害者グループホームの収支計算

一般的な障害者グループホームの収支の内容を記載します。大家さんが一番

【図表39　障害者グループホームの収支の内容】

●計画規模：２棟２０床
・建築費：９，０００万円
（本体工事、付帯工事、設計費、造成・外構工事、消費税を含む）
・諸経費：１，０００万円
（各登記費用、水道加入金、水道工事、印紙、地盤改良費、火災保険等）
・総投資額：１億円
・借上げ家賃：１室３５，０００円
・自己資金：１，０００万円
・借入金：９，０００万円
・借入条件：金利１％、返済期間２５年
【収入】
（年額）
・３．５万円×２０室×１２ヶ月＝８４０万円
収入合計：８４０万円・・・Ａ
【支出】
・借入返済（元利合計）：４０７万円
・修繕積立：３０万円
・固定資産税（土地）：１０万円（小規模住宅の評価減）
・固定資産税（建物）：建物７６万円
支出合計：５２３万円・・・Ｂ
収支（Ａ－Ｂ）３１７万円
▼表面利回り：８４０万円÷９，０００万円×１００＝９．３％
▼ネット利回り：３１７万円÷９，０００万円×１００＝３．５％

興味のある部分ではないでしょうか。図表39を見てください。

建築費は、９，０００万円で、本体工事・付帯工事造成・外構工事、消費税まで含みます。

その他に諸経費が約１，０００万円必要になります。

諸経費とは、登記費用や水道加入金、印紙、火災保険、工事中の借入金利、地盤改良費、確認申請料、不動産取得税、測量費等の経費

です。

これらを合計すると総投資金額は1億円になります。

1億円から自己資金1，０００万円を引いた9，０００万円が借入金になります。

中には、30年や35年で貸し付けてくれる銀行もありますが、木造ですと、多くの銀行が25年返済までなので、25年で返済計画を組みます。

金利は、現在では1％以下で貸し付けてくれるところが多いので、1％で計算しています。

収入としては、家賃３・５万円で20床ですので、年間８４０万円の収入になります。

支出としては、9，０００万円の借入の返済金が年に４０７万円。10年から15年後に外壁の塗装工事などに使う修繕費を建築費の０・３％～０・４％程度、今回は30万円を見込みました。

固定資産税は、土地と建物の両方を計上します。土地の固定資産税は、路線価で10万円／㎡程度の地域として計算しています。

支出の合計は、５２３万円になります。

収入の合計から支出の合計を引くと、差引き３１７万円の手残りになります。これは、表面利回り収入を建築費で割った数字では、9・3％になります。

借上家賃で9・3％ですので、大家さんとしては、非常に満足できる利回りではないでしょうか。

また、ネット利回りとしても、3・5％と非常に高く、手残りが多い経営ができることを実感できると思います。

3　ネット利回りはとにかく高い

ネット利回りと表面利回り

表面利回りというのは、建築費に対する売上（家賃収入）の割合で計算します。

・表面利回り＝年間家賃収入÷建築費×１００

それに対して、ネット利回り（実質利回り）というのは、建築費に対して経費を引いた残りの割合で計算します。

・ネット利回り＝建築費÷（家賃収入－支出）×１００

このネット利回りも非常に重要です。なぜなら、事業なので、売上だけでなく、最終的に利益がどれだけ残ったのかが重要だからです。

ここで障害者グループホームのネット利回りと一般的な賃貸住宅のネット利回り（図表40参照）を比較をしてみましょう。

建築費と諸経費は、前項の企画と変わらないものとして計算します。

大きく変わるのは、まず戸数です。

名古屋市ですと、最近建築される単身用の物件は、広さが30㎡程度で、家賃は1，７００円／㎡

【図表 40　一般的な賃貸住宅の収支の内容】

●計画規模：１棟１４室
・建築費：９，０００万円
（本体工事、付帯工事、設計費、造成・外構工事、消費税を含む）
・諸経費：１，０００万円
（各登記費用、水道加入金、水道工事、印紙、地盤改良費、火災保険等）
・総投資額：１億円
・募集家賃：１室５０，０００円　共益費３，０００円　合計５３，０００円
・自己資金：１，０００万円
・借入金：９，０００万円
・借入条件：金利１％、返済期間２５年
【収入】
(年額)
・家賃：５万円×１４室×１２か月＝８４０万円
・共益費：３，０００円×１４室×１２か月＝５０万円
収入合計：８９０万円・・・Ａ
【支出】
・借入返済（元利合計）：４０７万円
・修繕積立：３０万円
・管理費：５．３万円×５％×９０％（入居率）＝４５万円
・共益費：５０万円（収入と同額）
・空室損：８４万円（空室率１０％で計算　８４０万円×１０％）
・広告宣伝費（仲介手数料）：５万円（1か月の家賃分）×１．０８（消費税）×３．５室
＝１９万円（1年で３．５室入れ替わりする計算）
・固定資産税（土地）：１０万円（小規模住宅の評価減）
・固定資産税（建物）：建物７６万円
支出合計：７２１万円・・・Ｂ
収支（Ａ－Ｂ）：１６９万円
▼表面利回り：８９０円÷９，０００万円×１００＝９．８８％
▼ネット利回り：１６９万円÷９，０００万円×１００＝１．８７％
※グループホームのネット利回り：３１７万円÷９，０００万円×１００＝３．５２％
※１．６５％ほど障がい者グループホームの方がネット利回りは高い。

【補足説明】
※　一般的な賃貸住宅の場合、共益費をもらいますので３，０００円で設定。
※　支出には、空室損料１０％、管理費５％、共益費はもらった金額と同額を計上。

程度のものが多く、200㎡強のグループホームであれば1棟で7室しか取れない計算になります。

面積が小さいので、2棟で20室で計算するわけにはいきませんので、面積案分しました。そうすると、売上は、家賃で840万円、共益費で50万円、合計890万円の家賃収入になります。

さて、経費ですが、借入金の返済、修繕積立、固定資産税の額は同じにしました。

管理費は、家賃と共益費の5%で空室分を控除して45万円。共益費も空室率を控除して45万円。後は家賃の空室損料89万円を引きます。

これで支出の合計は、721万円。売上合計から支出を引くと、169万円になってしまいます。表面利回りは、9・88%で結構いい利回りなのですが、ネット利回りになると1・87%しかありません。障害者グループホームとの差は1・67%もあります。

さらに、ここに原状回復費を加味すると、実際はもっと下がります。これで、障害者グループホームのネット利回りがどれほど高いか理解できます。

4　最重要事項！　後悔しないパートナーの選び方

福祉事業者の法人の形態

この事業で、大家さんにとって一番大切なのが、このパートナー探しです。ここでいうパートトナーの意味は、大家さんが建築した建物を長期に借りて、運営してくれる事業者ということです。一括で借りるということは、その事業者さんの運営能力や集客能力にかかっているということですので、とても重要なことになるわけです。

運営事業者の法人の形態は、株式会社、有限会社、一般社団法人、合同会社、特定非営利活動法人（ＮＰＯ法人）、医療法人、社会福祉法人など様々です。

社会福祉法人は、内部留保もたくさんあり、半分民間で半分は行政機関のような法人ですので、現行法では倒産するということはありません。そういう意味では、安心感があります。しかしながら、組織が大きいところが多く、何かを決めるのにも理事会などで決めので、物事を進めるのに時間がかかるという側面があります。

医療法人も地主さんには安心感からとても人気があります。

ＮＰＯ法人は、福祉の分野では結構多い形態の法人です。様々な寄付が受けやすいとか、営利法人ではないということで、福祉事業にマッチした法人形態かもしれません。

非営利活動法人というと、ボランティアで仕事をしていると思っている人もいるかもしれませんが、そうではありません。

ＮＰＯ法人でも、人件費をはじめその他の経費がかかりますので、ずっと赤字では活動が続きませんので利益は必要です。

では、一般の営利企業とどこが違うかというと、売上から経費を引いた残りの利益を営利法人は株主である投資家に分配しますが、NPO法人は次の事業に再投資します。会計の仕分け等も一般の法人とは多少違いますが、一番大きな違いは、株主に利益を分配するかしないかです。

NPO法人の場合は、様々な寄付や補助金がもらいやすいというメリットと、融資を受けずらいというデメリットがあります。

一般社団法人は、理事が3人いるとその非営利活動の売上は非課税になります。合同会社や合資会社は無限責任ですので、より個人に近い法人です。

株式会社や有限会社で障害や高齢者の事業を行っている会社も多々あります。法人の代表が何を一番大切にするかによって、形式が変わってくると思います。

運営事業者の選び方

福祉事業者の選び方は、いろいろなチェックポイントがあります。

決算の内容は、決算書を見ればある程度わかります。筆者の目安は、3年間欠損がないことです。決算の見方がわからなくても、融資の際に銀行が大家さんの代わりにチェックするでしょう。

それよりも、実際にその運営事業者が運営している施設をみせてもらい、その場の雰囲気を肌で感じることが必要だと思います。

そこで働いているスタッフさんの表情や入居者さんや利用者さんの表情、それにその場所に流れる空気感がどうなっているかです。これは、非常に抽象的ですが、いくつか施設を見ると何となくわかってきます。活き活き仕事していたり、明るい表情だったり、緊張した感じであったり、感じることがあると思います。

経営者の考え方も大切です。どんな思いで障害者の事業を行っているのか。お金なのか、福祉なのか…。筆者は、バランスが非常に大切と思います。半々がベストと個人的には思います。いくら福祉でも事業的採算が合っていなければ長続きしません。途中で止めると、いろいろな方に迷惑がかかります。利益があって初めて継続ができるのです。

しかし、お金だけで心がなく、ギスギスしてもいけません。この経営的数値の達成意欲と現場のスタッフや利用者への配慮の両方ができることが非常に大切と感じています。

5　こんな地域なら成功する！

グループホームが不足している地域の見極め方

障害者グループホームの不足しているところで事業を始めるのがベターです。これは、地域差があるので、福祉課や社会福祉協議会に聞いてみることをおすすめします。

その他には、自分の持っている土地の近隣のグループホームを調べて、直接電話してみることです。そうすると、家賃や入居率は直ぐにわかります。

調べ方は、市の福祉課に行くと障害者グループホームの一覧がついたパンフレットやチラシがあります。そこには、電話番号も載っていますので、直接電話して入居状況を聞くこともできます。そこまでしなくても、福祉課の人にグループホームが不足しているかどうか聞いてみると、ある程度の感触はわかると思います。

また、障害者のグループホームも対象が様々ですので、どの障害の対象のグループが不足しているのか、またはニーズがあるのかも福祉課でもある程度教えてもらえるでしょう。

しかし、運営事業者を見つけるとなると、大家が自分だけで行うのは大変なことだと思います。10棟以上建築している筆者たちでも、まれに運営事業者を見つけられない場合もあります。タイミングが悪かったり、立地が合わなかったりすることがあります。

運営会社探しは、実績のある建築会社に任せるのが得策だと思います。

6　実は市街化調整区域でも建築できる!?

市街化調整区域で障害者グループホームを建築するケース

障害者グループホームは、市街化調整区域でも建築することが可能です。ただし、大家さんが建てて貸す場合は、市街化調整区域でも旧既存宅地だけです。もっとも、旧既存宅地でも、県や市の独自の条例で規制をかけていて建築できない地域もあります。

運営事業者が土地を買ったり、借りたりして、自分で建築して、運営することはできます。要は、調整区域の開発の申請者と建築申請者と運営者がすべて同じでないといけないのです。コンビニエンスストアなどがわかりやすい例です。市街化調整区域では、土地を地主さんから借りて事業者が建物を建築します。

また、農業振興地域の場合は、解除できるか農業委員会に確認する必要があります。通称は農振と言っていますが、農振解除ができない地域は、運営会社が自ら建築することも難しいです。農業委員会は、農地の確保や農業を振興する立場ですので、開発を進める立場とは逆になります。

人口減とコンパクトシティ政策

昨今は、コンパクトシティ政策が着々と進んでいます。コンパクトシティとは、字のごとく郊外に広がった町を中心に集めることです。

理由は、世帯数が減ってくると、段々空き家が増え、住んでいる家がまばらになってきます。そうなると、インフラなどの行政コストが不効率になります。極端に言うと、1人しか住んでいない地域にも水道や下水を整備して管理し維持していかないといけなくなります。

そうなると、人口減に対応するように、インフラの整備や交通網をなるべく市街地の中心に集めていく政策がとられ、中心に住むと助成金が出たり、減税が受けられたり、この地域なら高い建物が建つように容積率が緩和されたりというインセンティブが与えられ、市街地中心優遇の政策がとられます。青森市や秋田市、札幌市などがすでにコンパクトシティ化の政策を打ち出しています。

今後、土地をお持ちの方は、どんな都市計画がされるのか注意する必要があります。人をあまり住まわせないようにするエリアに土地を持っていると、徐々に資産価値が下がっていき、最終的には誰も買わない土地になる可能性もあります。

そういう意味では、郊外の資産は早めに売却して中心地に買い替えるのが、長い目で見た場合には資産価値が守られることになります。

市街化調整区域でも、すぐ市街地の隣ならいいのですが、そうではない市街化調整区域では、将来、行政サービスが届かないとか、後回しになるといったことが起こる可能性があります。

不動産投資は長期的な視点が必要な事業です。今後の土地活用や資産の組み換え、残す土地、売却する土地は長い目で見て慎重に決める必要があります。

7　土地を購入して障害者グループホームを建築する方法！

どんな土地なら収益性が合うのか

投資家の中には、土地は持っていないが不動産投資をしたいという方もいます。特に昨今は、不動産価格が上昇しており、中古の収益物件で利回りの高い物件が少ないため、土地から買って新築を建築したほうが利回りが高いということもあり、そういう相談が増えています。

そこで、どういった条件であれば利回りが合うのかということですが、諸経費を別にして考えてみます。

結論からいうと、１５０坪、坪単価が15万円前後の土地を探すことが必要になります。

実際に計算してみましょう。

【図表41　収益性が合う土地】

①　投資金額
・土地：１５０坪×15万円＝２，２５０万円
・建物：４，０００万円×２棟＝８，０００万円（区分の低い方用でスプリンクラーなしの場合）
土地価格＋建物金額＝１億２５０万円

②　家賃設定
・年間家賃：３５，０００円×20床×12か月＝８４０万円

③　利回り計算
８４０万円（年間家賃収入）÷１億２５０万円（投資額）×１００＝８・１９５％

注意事項

これを実行するに当たって注意することは次のとおりです。

投資額の30％と諸経費分は、担保が不足することが考えられます。したがって、3，000万円～4，000万円程度は自己資金が必要になることです。

価値のある土地をすごく安く買えた場合は、その分、担保価値が上がるので、もう少し自己資金が少なくてすみます。

また、年収が高く、属性のいい方ですと、全額融資をしてくれる場合もあります。そのときは、後は銀行との交渉次第です。

土地がある方は、別担保を提供することで、自己資金なしでも可能になります。ですから、自己資金がある方や別担保がある方向きといえます。

その他には、60坪～70坪くらいの土地で、1棟10床で計画をし、投資資金を抑えるという方法もあります。

当然、その場合は、自己資金も20床よりも少なくてすみます。

この10床でいくか20床でいくかというのは、運営会社次第です。20床まとめてでないといけないという法人もありますし、今アパートでグループホームを2か所でしており、それをまとめたいので10床でいいという法人もあります。

したがって、いずれにしても、1度運営会社に相談するところからはじめることが肝要です。

8　こうすれば間違いない

運営会社の力量

この事業は、不動産仲介会社さんにお願いして入居者を集める賃貸住宅ではありません。ということは、集客力（入居募集力）は、運営会社の力量によります。入居者さんさえ入っていれば、経営はある程度うまくいきます。

次は、人材募集です。介護もそうですが、人手が足りませんので、スタッフを集める力、または魅力ある職場をつくり、定着率のいい会社であることです。人がたくさん辞めると、また人材募集にも広告費などの採用経費がかかりますし、よいスタッフも育ちません。福祉や介護は、売るものはサービスですので、人材がある意味商品です。

よいサービスを提供していれば、口コミで、あそこはしっかりしているよとか、いい会社ですよ、と言われるようになります。そうなると、入居者の紹介も多くなりますし、スタッフも集まりやすくなります。福祉や介護の業界は、実は狭い業界なので、噂はすぐに広まりますし、スタッフも結構転職するので横の繋がりがあります。

会社は、トップによって決まると言っても過言ではありません。ですから、運営会社さんを選ぶときは、経営者に会って話をすることと、実際の現場を見せてもらうことが重要です。そうすることで経営理念や経営方針がわかります。既に運営している施設やグループホームを見せてもらうことで、何となく雰囲気もわかります。その皮膚感覚が非常に大事になると思います。

建築のプランの打合せ

障害者は、様々です。運営会社も、どの障害者をメインにお世話するのかによってプランが変わります。考え方や障害の種類によって、住みやすいグループホームもケアをしやすい間取りもかなり違います。そのため、設計段階でよく運営会社と打ち合わせることが重要になります。

運営会社によっては、既に入る人が決まっていて、誰をどの部屋にするかまで決めてプランニングすることもあります。その場合は、ほとんどオーダーメイドのような感じになります。

身体障害の重度の方が中心に住む場合と知的障害の軽度の方が主に住む場合とでは、全くプランも建築コストも違います。

前者であれば、家賃を45，000円以上でも入居者を集められる運営会社さんでないと、大家さんとしては採算に乗りません。後者であれば、家賃は30，000円~35，000円程度です。

この家賃と建築費のバランスが成り立たないと少々経営的に難しいと思いますので、ここは特に注意してください。

第10章

実際に障害者グループホームを建築した大家さんインタビュー

1　愛知県あま市　早川様の例

早川様は、愛知県あま市木田町に1棟14床の障害者グループホームを建築されました。そのインタビューを記載します。

大谷　「本日のインタビュー、よろしくお願いします。まず最初に、今回、障害者グループホームを建築しようと思った動機は何だったのでしょうか」

早川様　「父の所有している空いている土地がありまして、よりよい有効活用ができるプランはないかなといろいろ探していました。その中の1つとして、この障害者のグループホームも検討を重ねてきました」

大谷　「もともとその土地は、何に利用されていたのでしょうか」

早川様　「駐車場として利用していました」

大谷　「それでは、駐車場より何かもっといい利用法はないかと探されていたんですね？」

早川様　「そうです」

大谷　「早川様がこの障害者グループホームを検討されるキッカケは何だったのでしょうか」

早川様　「友人に誘われた土地活用のセミナーに出席したのがキッカケで、友人からは高齢者の施

【図表 42　敷地のプラン】

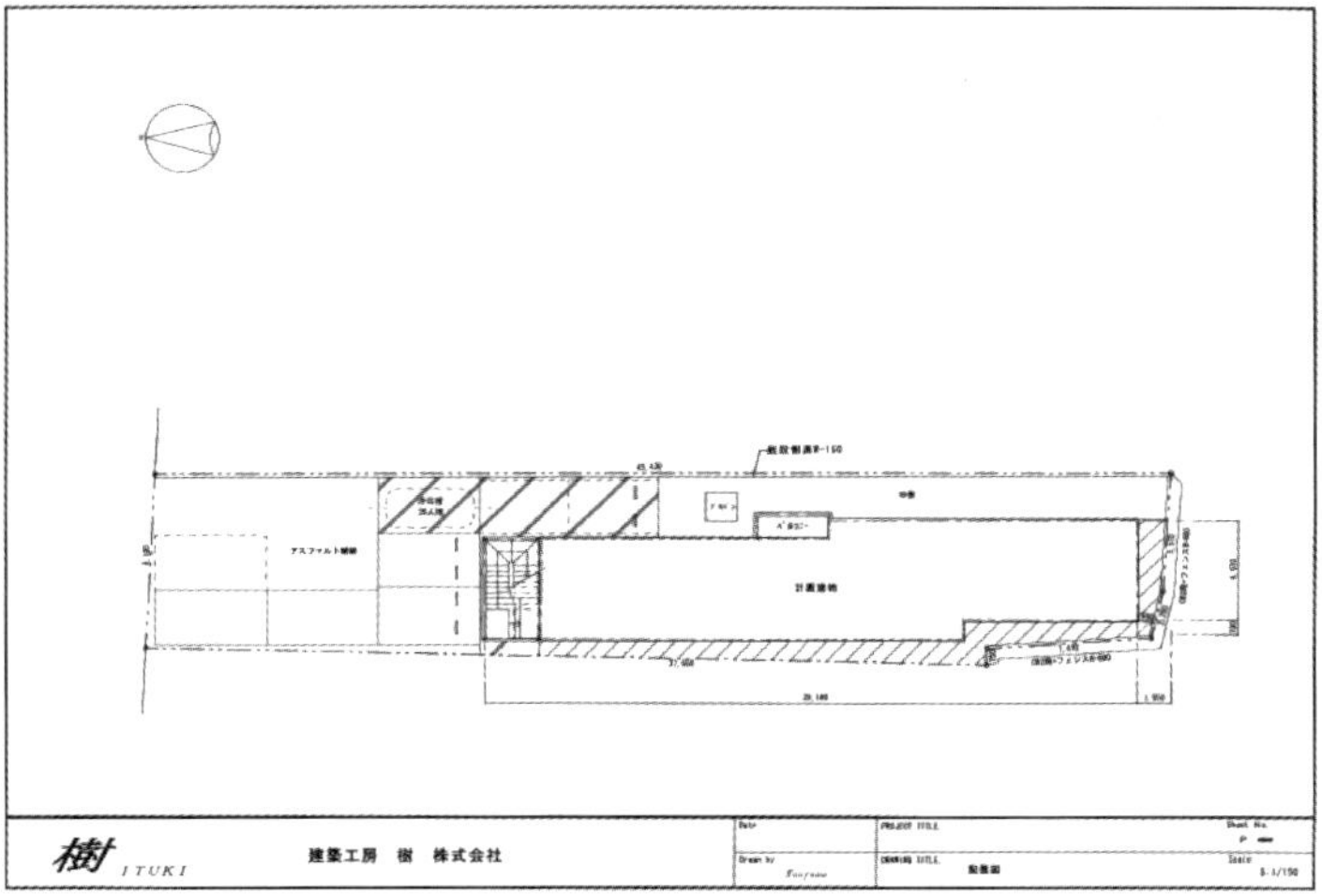

設のセミナーと聞いていたので、正直あまり興味がないなと思って出席したのですが、実は、内容は高齢者ではなく、障害者のグループホームのセミナーで驚きました」

大谷　「建築する動機は何だったのでしょうか。土地活用といいますと、アパートや戸建賃貸や先ほど話に出た高齢者施設などいろいろありますが、いくつか検討のテーブルには上がっていたのでしょうか」

早川様　「ひと通り、アパートから戸建賃貸まで、構造も木造から鉄骨、鉄筋コンクリートまで、いろんな業者に見積りを取って検討していました」

大谷　「弊社も戸建賃貸も建築していますが、その中で、どうして障害者のグループホームに決められたのでしょうか」

早川様「まずは、事業的に有利なプランになるのではないかと思いました。不動産賃貸業としての経験がなかったので、その中で、知識や経験がなくても運営事業者さんに貸すというスタイルであれば、非常にやりやすいのではないかと思いました」

【図表 43　建物の外観】

大谷　「それは、自分で入居管理をしたりとか、入居募集をしたりとか、そういうことをしなくてもいいということでしょうか。ある意味、運営事業者さんに貸してしまえば、大家さんとしてやることがほとんどないですね」

早川様「はい、そうですね。それと地域的に田舎で、駅前といっても、仲介会社さんを回って聞いてみると、な

【図表44　玄関】

かなか賃貸としては入居づけをするのは難しい地域と言われていましたので、どんなアイデアで入居づけできる賃貸にするのかというのを課題に検討していました」

大谷　「人口減とあまり賃貸需要のない地域となると、非常に計画をよく練らなければいけなし、その中で事業者さんに一括で貸すスタイルがいいかなぁと思われたわけですね。どんな事業もそうですが、実行する前はいろいろ不安があると思いますが、早川さんは不安はなかったのでしょうか」

早川様　「いろいろありましたよ。まず、私の家族が、障害者を対象とするということで、理解をしてくれるかどうかというのが一番大きかったです。また、近隣の方

【図表45　事務所】

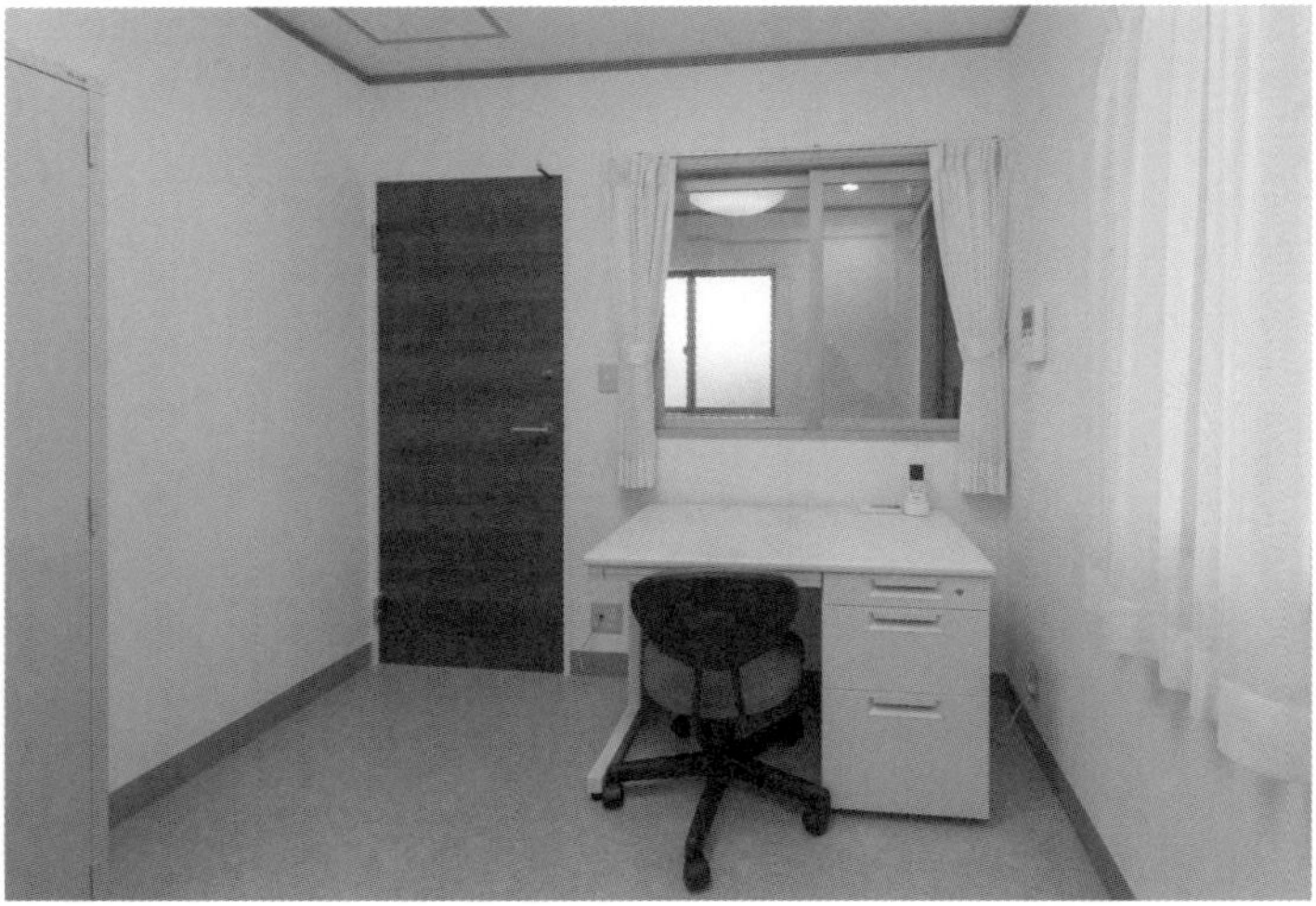

にも理解が得られるのかというのも不安でした。それから、運営事業者さんも、長期にわたり健全に事業を継続してくれるのかというのも不安でした」

大谷　「そうですね。みなさん大体そういうところが不安ですよね」

早川様　「そうですか。みなさん同じでしょうかね……」

大谷　「早川様は、障害者の方と接する仕事をされていたと聞きましたが、どういったお仕事をされていたのでしょうか」

早川様　「はい。私は、以前、看護師の仕事をしていまして、一番最初に仕事についたのが愛知県の障害者の施設で、障害者のケアをする仕事でしたので、私自身は障害者の方に対する抵抗はありませんでした。また、そんな不安があり

【図表 46　居室】

つつも、運営事業者さんが運営ができないという時期がきたら、自分で運営もしようと、当時はそんなふうに腹をくくって決断をした記憶があります」

大谷　「そうだったのですね。でも、それは、一般的な大家さんからするとかなり強みというかアドバンテージがありますね」

早川様　「でも、賃貸業をしている方にいろいろ相談をしたときに、運営のほうもすればいいのにと後押しをしてくれた方も実はいました。ですから、障害者のグループホーム・ケアホームの事業としてのよさというのも理解はしていました」

大谷　「なるほど、ですから、万が一のことがあれば、賃貸業としてだけではなく、障害者グループホームも魅力があるので自ら運営してもいいと思われたのですね。

建築してどれくらい経ったのでしょか」
早川様　「ちょうど完成して1年が経過したところです」
大谷　「実際に建築していかがですか」
早川様　「実際はですね、もう少し自分でやることがあるのかなぁと思っていたのですが、何もやることがなくてですね、運営事業者さんがすべてやってくれていますので、口を出すことも手を出すこともなくて、それはそれでとてもよかったなと思っていますね。両親もとても喜んでくれています」
大谷　「それは、とてもよかったですね」
早川様　「多少植栽も入れたりしまして、両親が植栽の草をむしったり、気にしながら

【図表47　風呂】

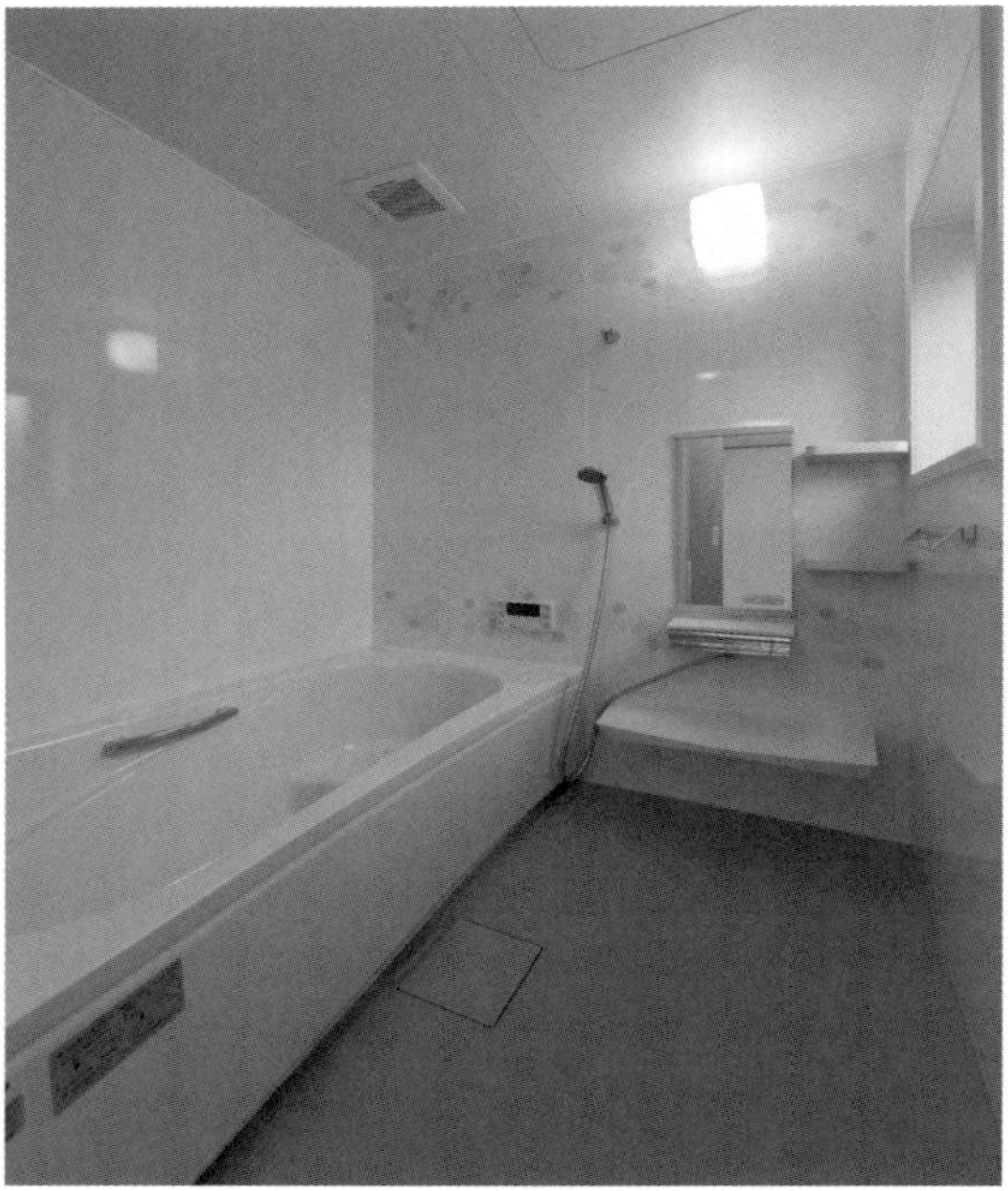

生活してくれているようで、花が咲くのをとても楽しんでくれています」

大谷「建築業はクレーム産業ですが、工事中近隣からクレームとかはなかったですか」

早川様「ありましたよ。ただ、自分で対応することはなく、建築会社さんですべて対応してくれましたが、多少のことはどうしてもありますよね。でも、クレームだけではなく、その一方で、近隣には、やはり障害のあるお子さんをお持ちの方もおられるわけで、その方々から、建築中からずいぶんお声をかけていただいていました。『将来自分の息子や娘もここに入れるだろうか』という相談もかなり受けました。『入りたい』とか、『もっと建築して欲しい』いう声もいただいたので、そういう意味では後押しもあったのも事実です」

【図表48　シャワールーム】

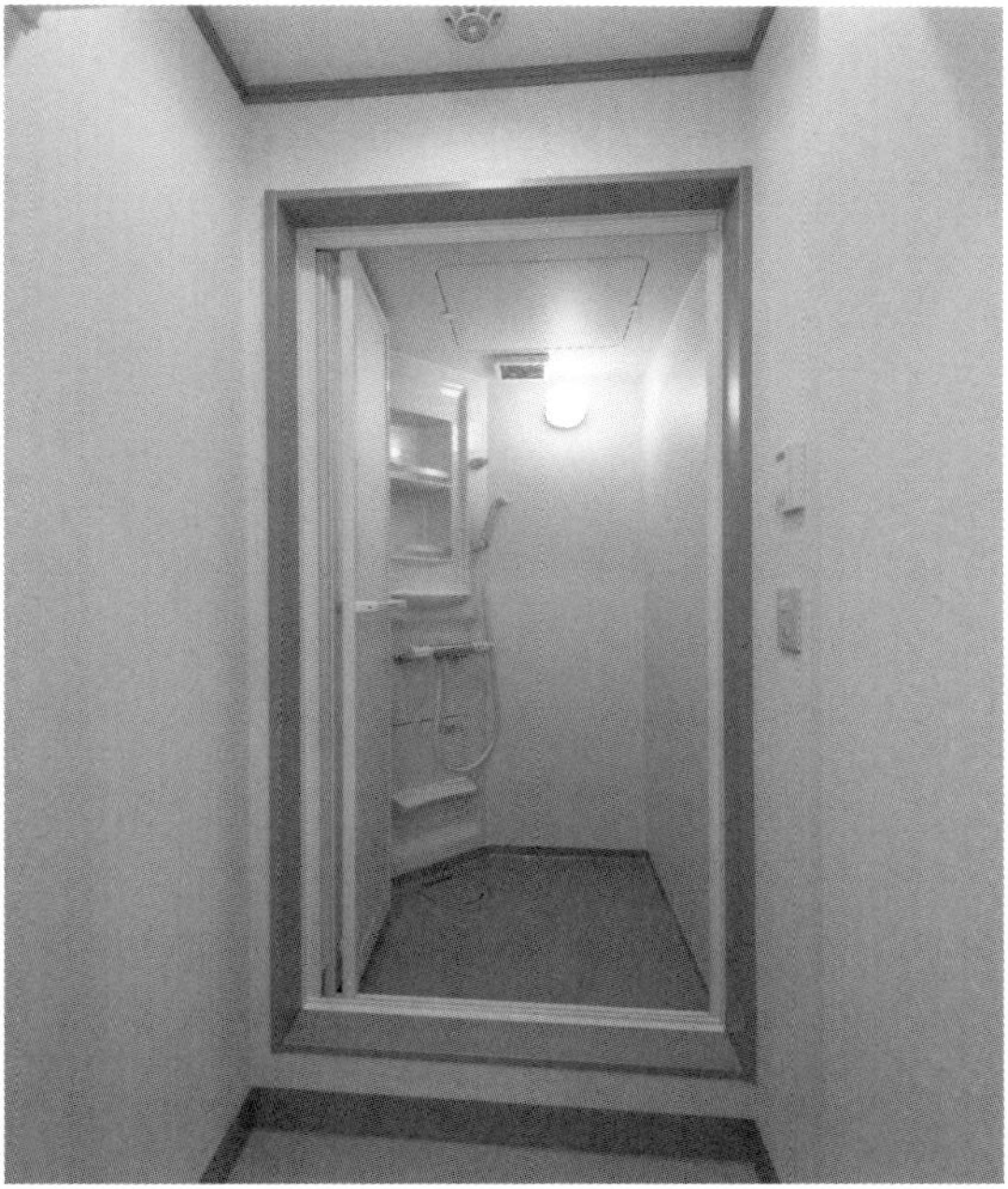

大谷　「そうですか。それは心強いですし、やってよかったという気持ちになりますね」

早川様　「はい、そうですね」

大谷　「早川様のように、今後、日本全国で相続対策や固定資産税の対策等で、何か土地活用をしたいと思われている大家さんや地主さんがたくさんいらっしゃいます。その中で障害者グループホームの建築を検討される方もいると思います。その方々に対して、実際に建築された先輩として何かメッセージがあればお願いできますか」

早川様　「そうですね。今後、人口減という世の中で、大家さんというのはなかなか厳しい状況にあると思います。でも、その中でも障害者のグループホームというのは需要が多いというふうにうかがっていますし、実際に私のグループホームも入居者がすぐ決まりました。また、最終的には社会貢献できる事業をすることになりますから、そういう意味でもすごく建築する価値といいますか、意義というのを自分自身では感じていますね。最初は、収支が合うかとか、そういう考えのほうが大きかったのですが、実際にやってみて、障害の方を持つ親御さんたちと話す機会もできました。待っている人がいますので、ぜひ、頑張って思い切ってやっていただければと思います」

大谷　「本日は、お忙しい中、お時間をとっていただき、また、力強いメッセージをありがとうございました」

2　愛知県知立市　池田様の例

池田様は、愛知県刈谷市に、アパートのリフォームで1棟12床と、同じ敷地内で1棟7床の新築の障害者グループホームを建築されました。リノベーションと新築との組合せで計画した珍しいパターンだと思います。

大谷　「本日は、よろしくお願いします。まず最初に、今回障害者グループホームを建築しようと思った動機は何だったのでしょうか」

池田様　「そこは、アパートが建ててあったのですが、建築した当時は、まだ周りは畑ばかりで、建てればすぐ入居者が入るという時代でした。しかし、建築してもう29年経って、古くなったこともあり、入居者も少なくなってきていました。実際、4戸中2戸しか入っていなかったのです。そして、雨漏りもするということで、大改修するか、建替えしようかと考えていました。年も年で、高齢なので、その物件まで行って建物を管理するのも大変だなと感じていました。そんな状況だったので、何かいい活用法はないかと探していました。そうしましたら、私の物件を既に借りて福祉事業をしている会社が、もっと事業を拡大したいので、こんなふうにしてくれたら借りますよ、と声がかかったので、障害者グループホームにするこ

【図表 49　障害者グループホーム配置図】

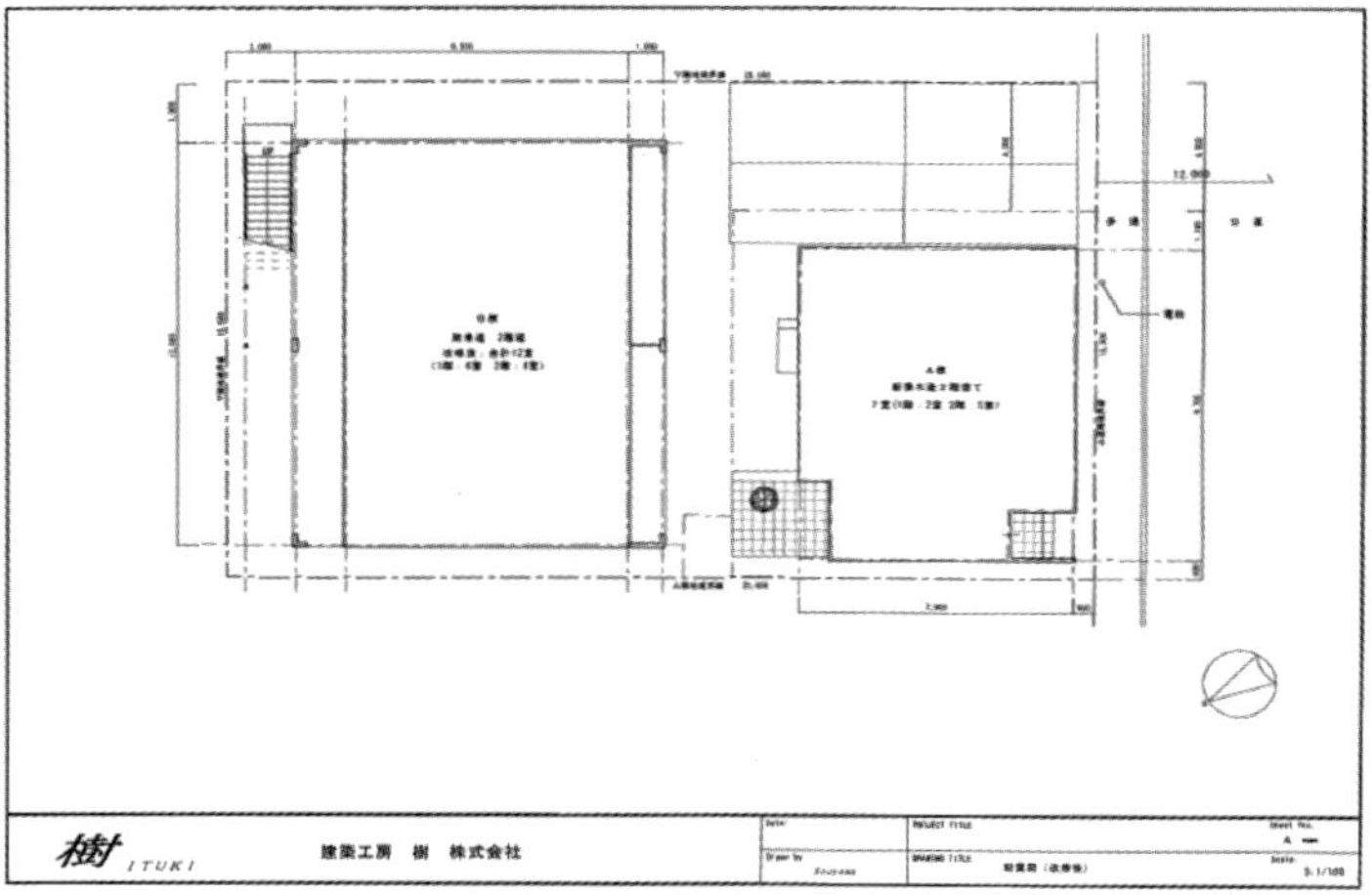

大谷　　とにしました」

池田様「なるほど。渡りに船という状況だったんですね」

大谷「そうなんですよ」

池田様「弊社とお会いするキッカケは何だったのでしょうか」

大谷「その福祉事業者さんが、すでにグループホームをいくつか建築している会社があるので紹介したいということで、大谷さんを紹介されたんです。それなら、うちは何もすることがないなぁということで、結構トントン拍子で話が進みました」

池田様「そうでしたね。土地活用というとアパートをはじめ、いろいろ選択肢はあると思いますが、他には検討はされなかったのでしょうか」

大谷「しましたよ。グループホームをする前

【図表 50　Ａ棟、Ｂ棟外観】

のアパートが、土地は広い割に4戸しか戸数がなかったし、駐車場が広くてもったいない建て方をしていましたので、もっと効率のよい使い方をしたいなと思っていました。また、隣にコンビニエンスストアができて、自分でも住みたいくらいに便利がいい土地になったので、どうしようかなと……。ただ、これからアパートやマンションはちょっと先行き不安だなと思っていました。実は、他にもアパート経営をしているのですが、昔と比べると空いてから次の入居者が決まるまでの期間が長くなってきています。昔は、出たらすぐ次が決まっていましたから。ひどいと、次の春の入居シーズンまではちょっと入居者は決まらないかもしれないです、と不動産仲介さんから言われたりしていました。新しい物件はまだ

【図表 51　食堂】

【図表 52　洗面・洗濯室】

いいのですが、古くなってくると難しいですね。ですから、検討はしたものの、やはりアパートとして建て替えるのはやめました」

大谷　「なるほど。そうでしたか。ところで、新しいことをする前はいろいろ不安がある

【図表 53　居室】

【図表 54　シャワールーム】

と思いますが、池田さんは、障害者グループホームをすることに不安はなかったでしょうか」
池田様　「全然なかったですね」
大谷　「やはり、すでにお付合いのある福祉事業者さんが運営するというのが大きかったのでしょうか」

池田様　「そうですね。いろいろ運営会社の会社案内のパンフレットを見させてもらったりして、これなら大丈夫だなと思いました。それに、行政とも密接に連携して行う事業ですので、心配はしていなかったですね」

【図表55　トイレ】

大谷　「そうでしたか。時々、障害者さんが住むということで不安を感じる方もおられますが、そういうことはなかったのですね」

池田様　「そりゃ、自分たちみたいな普通の大家さんで、福祉の素人が運営しろというのであれば不安ですが、福祉のプロが運営するのですから、あまり心配しませんでした」

大谷　「完成しておよそ8か月

くらい経ちましたが、いかがでしょうか」

池田様「もっとやらなければいけないことがあるかなぁと思っていましたが、ほとんど何もやることがなくて、全体を貸しているので共用部分の清掃とかにも手間もかからないし、やってよかったです。変な入居者が入ったということもないですし、非常に満足しています。いや大満足ですよ」

大谷「それは、何よりです。今後、まだまだ障害者グループホームの建築を検討される方もおられると思います。その方々に対して、実際に建築された先輩として何かメッセージがあればお願いできますか」

池田様「う～ん。どうですかね～。今は、夫婦共稼ぎで待機児童の問題とか、障害者の住まいとか、いろいろ国も考えて政策を打ち出しますよね。そういうのをよく検討して、やはり時代時代にあったものを建築するということが必要だと思います。そういうところに、形は違えど、補助金を出したりしていますよね。そして、こういう福祉の仕事は、アパートと違って、自分だけではできない仕事だと思っています。そして、社会のためになることなので、うちにとっては、一石二鳥にも三鳥にもなると思っています。問題は、どんないい運営事業者さんが運営してくれるかということだと思います。ぜひみなさんも、そんなに心配せずに検討してください」

3　愛知県北名古屋市　小島様の例

小島様は、愛知県一宮市に新築で障害者グループホーム２棟20床とB型就労支援事業所を新築で1棟建築されました。本書の中で紹介している複合型の施設になりますので、インタビューをお願いしました。

大谷　「本日は、障害者グループホームとB型就労支援事業所を建築された内容についてお話をお聞かせください。よろしくお願いいたします。まず、最初に、建築された動機をお聞かせください」

小島様　「実は、今回は、いつもお付合いしている保険の営業の方から、いい方がいるのでご紹介しますと言われて、内容も聞かずに待合せの場所に行きました。その方は、いつも興味深いお話を持って来ていただける方なので、言われるままにお会いしたのです。そこで紹介されたのが、福祉事業者をしている運営会社さんでした。最初は、びっくりしました。5、6年前に高齢者住宅を建てるときもサプライズで、アパートやマンションではなくてこういうものを建てるんだと思ったのですが、今回も障害者の施設を建築するということで、こんなことが世の中にあるということも知らなかったです。当初は、担当の方と話をしていたので

【図表 56　障害者グループホーム配置図】

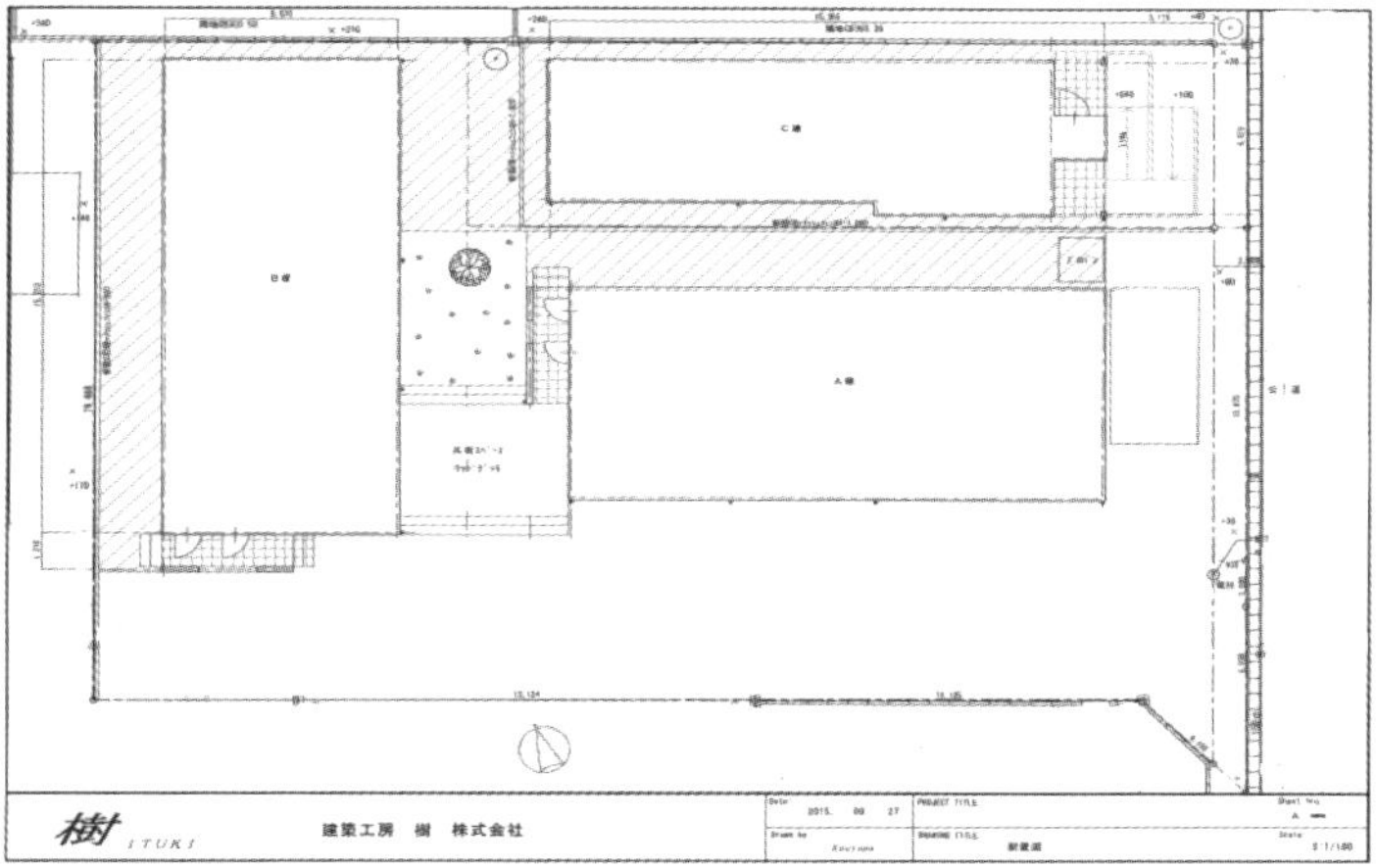

すが、そのとき、隣に生産緑地があるということで、障害者のお仕事で農業もできるかもしれないというお話になり、そこでもう1人の担当の方とお会いしました。そして、こちらも主人と2人、運営事業者さんも2人で話合いをさせていただきました。

今日は、インタビューということで一番お話したかったのが、『障害者の方がお仕事をするようになると、今までくらい目をしていたのが、ほんの少ししかもらえないお金だけれど、労働することによってその対価がもらえるということで、目つきとか顔つきが毎日のように変化していくんですよ。これは、本当に感動的なんですよ』とその運営会社の担当の方が言われたのが印象的で、私も主人もその言葉に引かれて決断したようなものです。なぜ、障害者の施

【図表 57　A棟外観】

【図表 58　B棟外観】

【図表 59　玄関】

【図表 60　玄関内側】

設を建てたのかと言われれば、それがあったからですね。私たちの代は、土地活用をしてそれで終わっていくのですが、何か世の中に貢献できるものがいいなと思っていました。近隣の方からも、小島さんのところはいいものを建てられたねと言われるようなものを建てたいというものもありました。いくら社会貢献といっても、土地活用なので、それなりに条件が合わなければできませんが、今回、皆さんの協力があって、私たちの条件に合うものができましたので、ほぼ、会った瞬間に話が決まったという感じでした。その後の打合せの中でも、気持ちがゆらぐことも一切なかったです。動機としましては、長々と話してしまいましたが、

【図表 61　食堂】

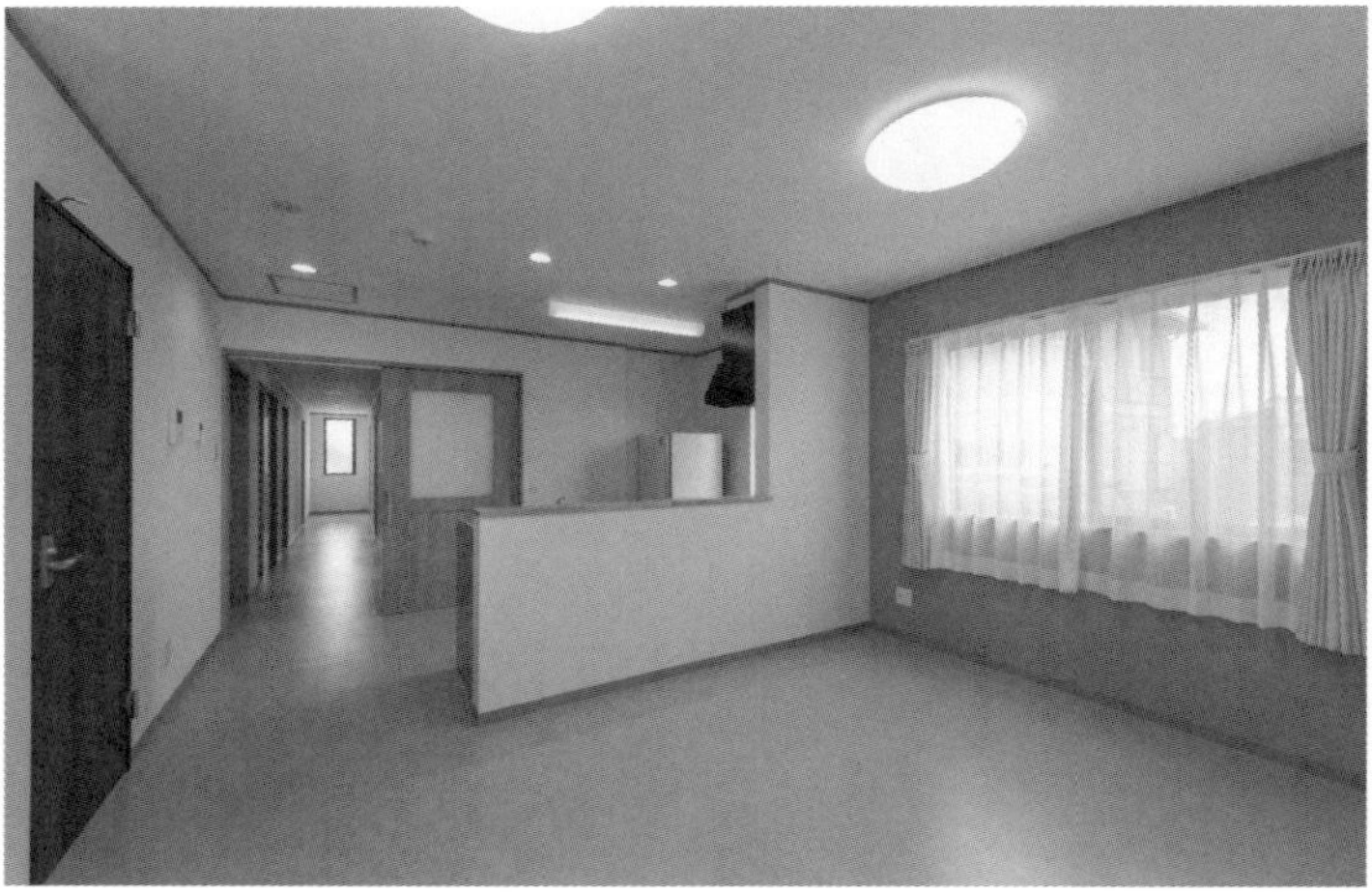

【図表 62　キッチン】

【図表 63　居室】

【図表 65　トイレ】

【図表 64　浴室】

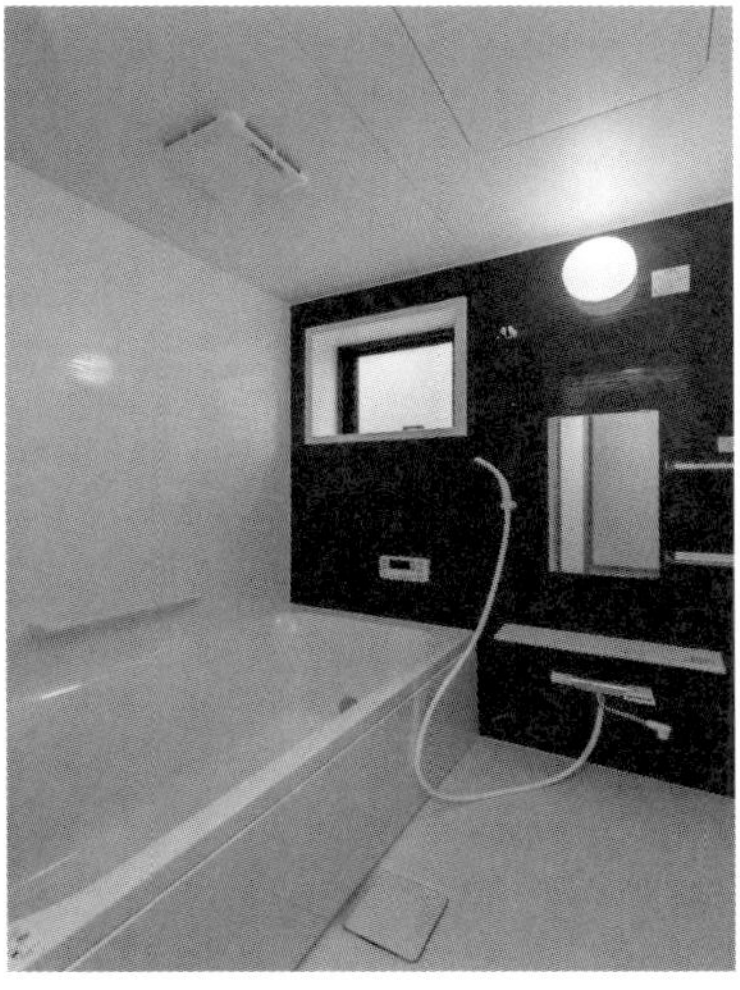

このような感じです」

大谷　「いえ、ありがとうございます。次に弊社とのご縁のキッカケはいかがでしょうか」

小島様　「はい。それは、運営事業者の方から、『同じような建物を小牧で建てている業者さんがいますのでご紹介させていただいていいですか』ということで、建築工房樹さんを紹介されました。それも、大谷さんを目の前にして言いにくいですが、とても信用できる方で、知識的にもいろいろなことを教えていただいて、後にですが、消費税還付とかもご案内いただき、私としては、非常によい方と出会いがあったなと思っています」

【図表66　洗面・洗濯室】

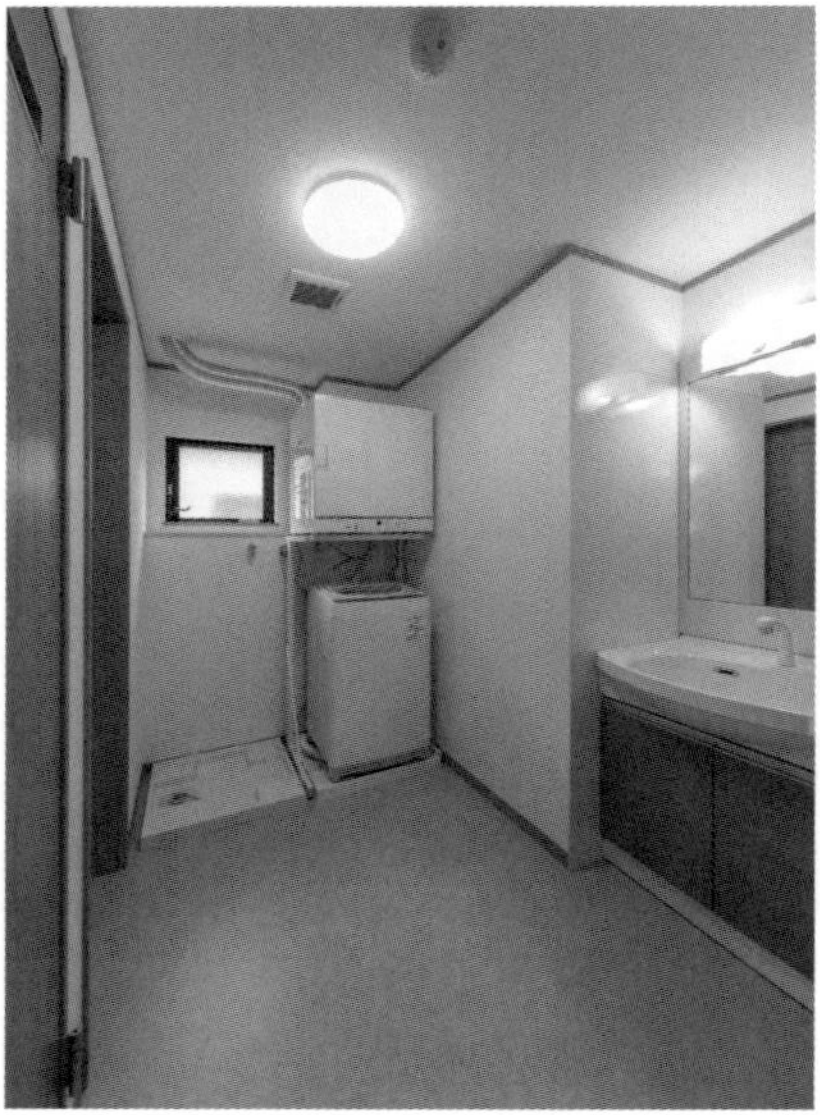

大谷　「本当ですか。ありがとうございます。うれしいです。先ほど、ほぼ会った瞬間に話が決まったとおっしゃいましたが、他のアパートとかを建てることは、全然検討はされなかったのでしょうか」

小島様　「この話を決めるときに多少心配だったのですが、周りにはたくさんアパートがあり、また、実際、うちも隣で戸建ての賃貸をし

【図表 67　B型就労支援事業所平面図】

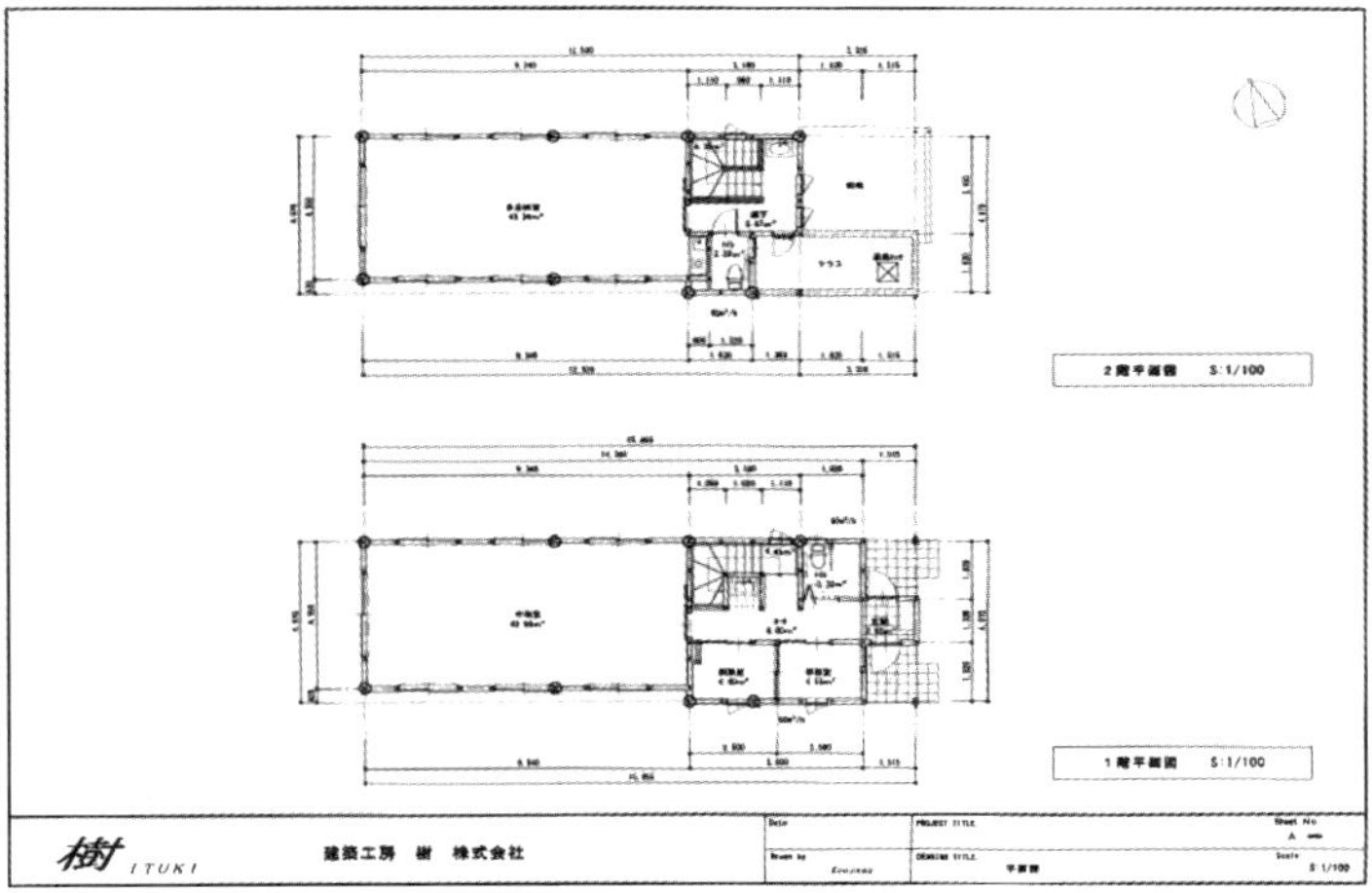

ていますので、その方たちの小島さんが建てた物という目が気になりましたね。大反対運動が起きたらどうしようと……。アパートだったら誰も文句は言わないと思いますが、障害者のグループホームというと、まだまだ土地活用としてはレアなケースだと思いますので、そういう目線を考えると、若干不安はあったのですが、トータル的なことを考えたら、もし、そういうことがあっても何とかクリアして突き進もうという感じでしたね。あまり、後ろ向きなことは考えない性格なので……。まだ、始まったばかりで、このことに関してはよかった悪かったという結論は出ないかもしれません。でも、運営してくださっている運営事業者さんのどなたに会っても、みなさんよい人ばかりで、なんでこんなにいい人でい

【図表 68　B型就労支援事業所外観】

【図表 69　B型就労支援事業所事務室】

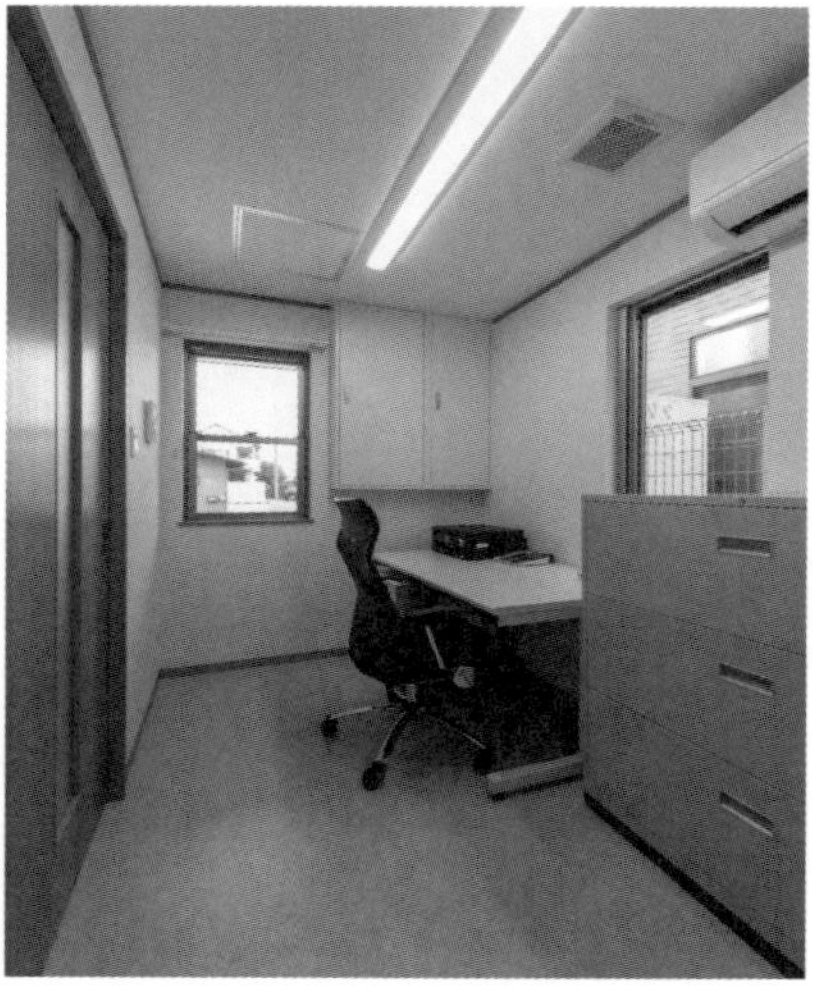

られるのかなぁと思いましたし、そういう部分で、信られる方々だなと思いましたね。
あと、あの場所では、2階建ての木造のアパートなら建てられると思っていましたが、少し入り組んだ土地で、道が狭く、長い鉄骨の柱を入れることができないため、3階建ての鉄骨造は無理かなというのは感

じていました。ですから、今回、木造の2階建てというのは私たちにとってはピッタリの計画でした。生前、父もあの土地は何も活用できないと言っていて、そこは早く売りたいと言っていたのですが、私たちは売らないという方針で、守ってきたんですね。でも、ありきたりというとアパート経営という方には失礼に当たるかもしれませんが、既にいくつかアパート経営をしてきたのでその苦労も知っていますので、申し訳ない話ですが、心というのを横に置いて考えても、障害者の方々はまだ年々増えているということですので、土地活用という見方だけとっても、経営的に損なわれることはないだろうとも考えました」

大谷　「まだ、ほんの数か月しか経っていませんが、実際に建築してみていかがですか」

小島様　「申し訳ないことですが、その場に行くこともほとんどないですし、行っても中まで見ることはないです。まだ新品ですので、何も問題はないです。建物的にもよい物をつくっていただいたと思っています。実際に運営している方から、ここをこうして欲しいということは私の耳には入ってきていないので何とも言えませんが、もし、次回、機会があれば、中に住んでいる人からのクレームや要望を聞いて計画したいなとは思っています。ただ、こうした建物は、運営会社さんの意向のほうが反映されることになりますよね。特別これはないんじゃないのというのも何もなかったですし、いい建物をつくっていただいたと満足しています」

大谷　「そうですか。それはよかったです。プランは、もちろん基本的なプランはありますが、どういった方を主体にお世話するかによって、または運営会社さんの考え方によって要望は

【図表70　B型就労支援事業所1階作業室】

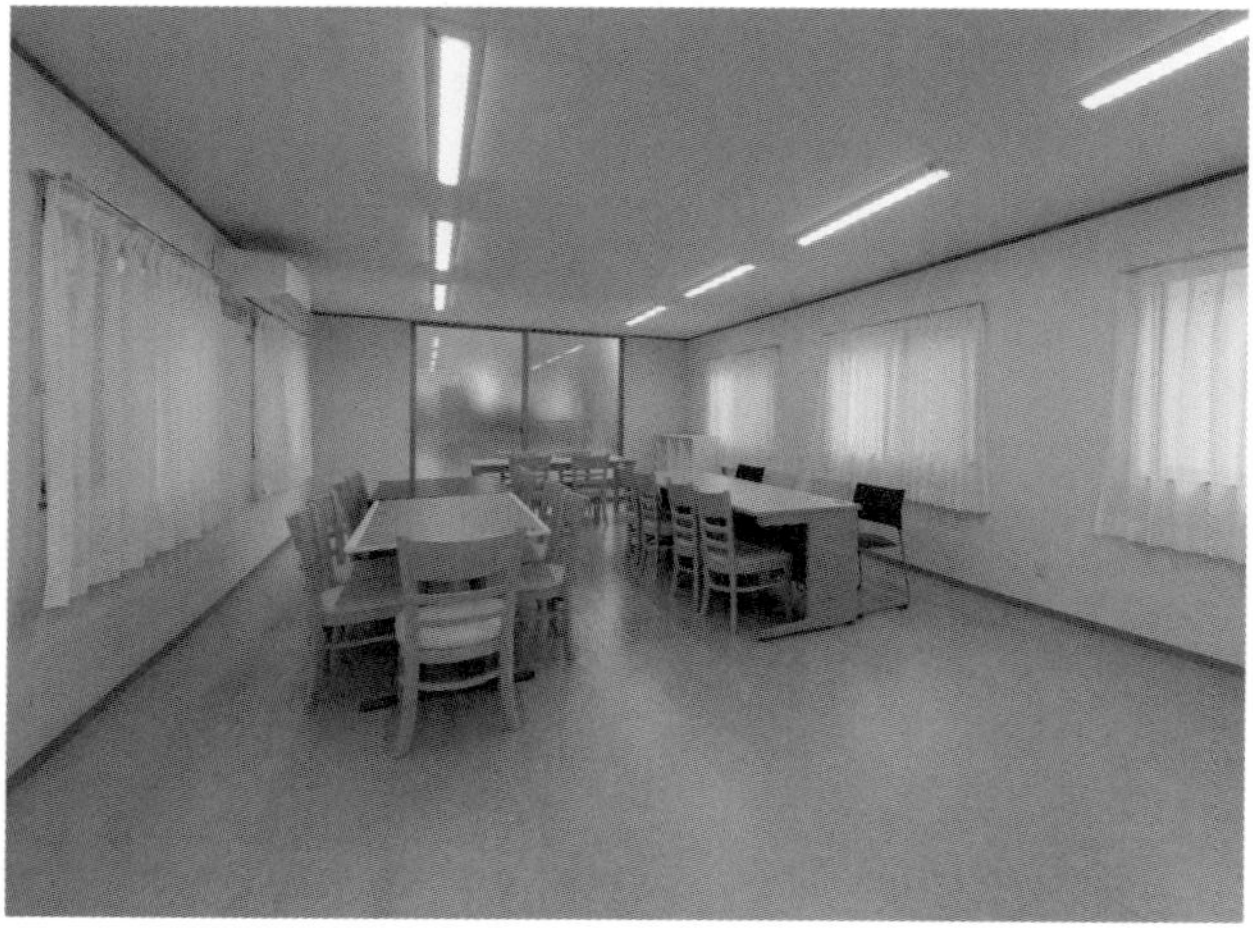

【図表71　B型就労支援事業所2階多目的室】

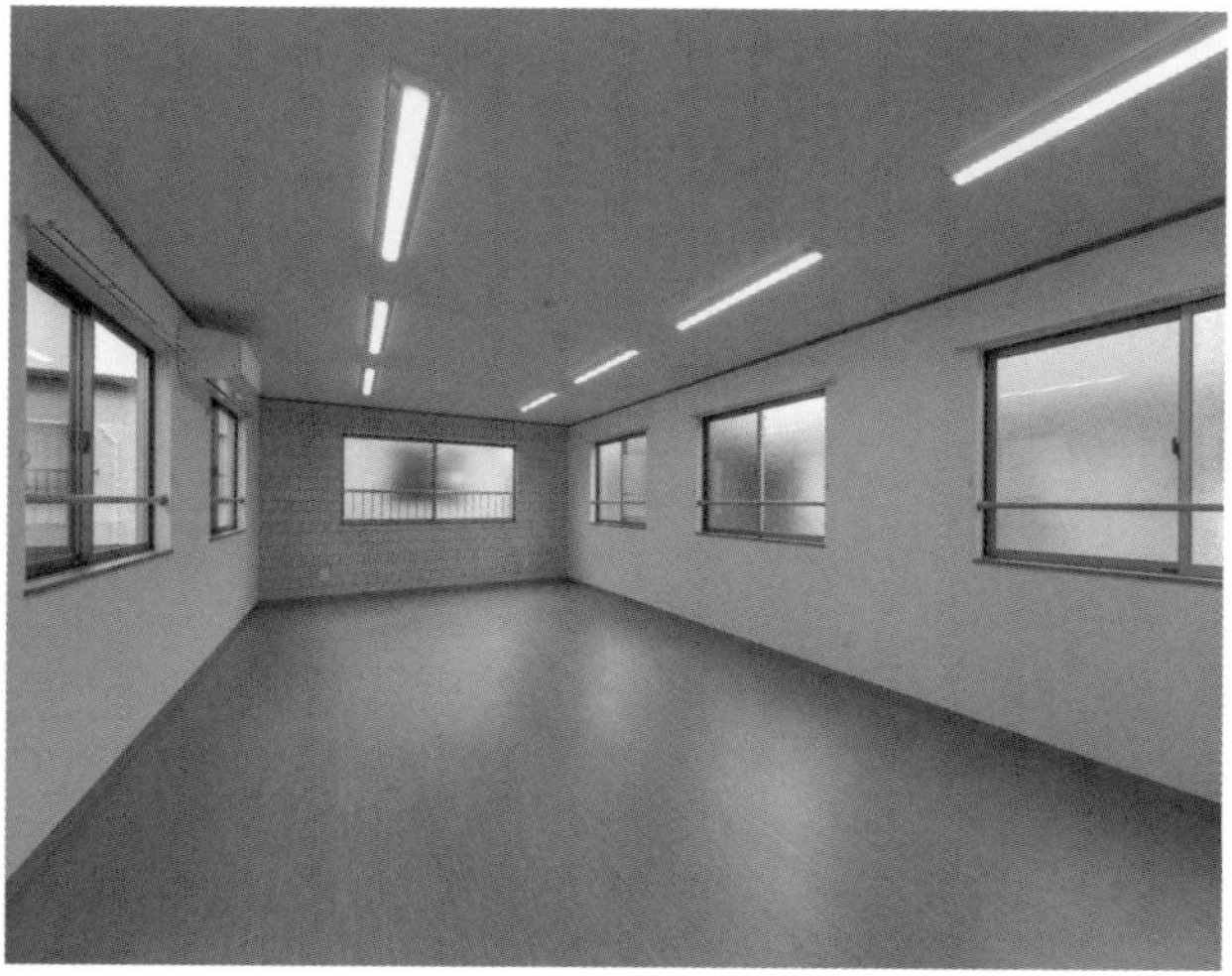

かなり違いますね。私も10棟目を建築していますが、まだまだ、勉強することがあります」

小島様「そうなんですね。でも、まだしばらくの間は、障害者関連は伸びていく部分だと思いま

【図表 73　B型就労支援事業所階段ホール】

【図表 72　B型就労支援事業所1階トイレ】

【図表 74　B型就労支援事業所ミニキッチン】

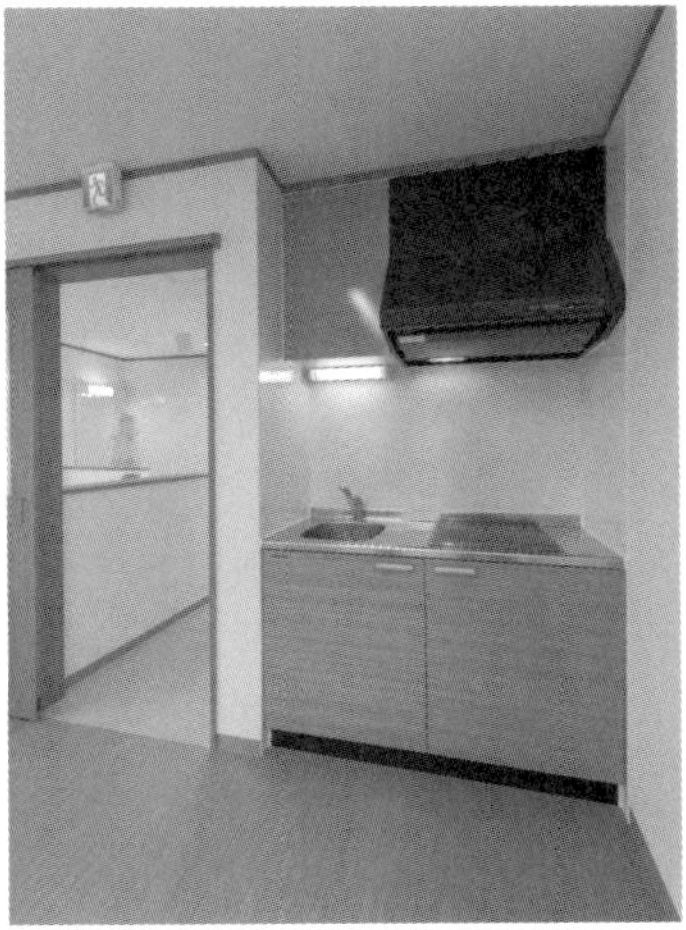

すので、機会があればまた検討したい土地活用です」

大谷　「小島様のように障害者グループホームの建築を考えられる方もおられると思いますので、すでに建築された先輩として、これから検討される方に一言メッセージをお願いできますでしょうか」

小島様　「大家としては、土地活用になりますので、しっかりした運営事業者さんにお任せすることが大事だと思います。何でもかんでも障害者グループホームを建てればいいわけではなく、運営事業者さんの障害者の方々に対する気持ちというのをまず最初に聞いてもらいたいと思います。ただ、障害者に補助金が出るとか、来てもらったらこれだけの収入があるということだけで経営されているのであれば、それは長続きしないと思います。やはり、実際に障害者の方に接する現場の方々に熱い気持ちがある会社に運営してもらわないと失敗するかもしれないと思います」

大谷　「そうですね。老人ホームでも障害者グループホームでも、提供しているのはサービスですので、人材次第ですね」

小島様　「また、なかなか優しいよい人だけ集めるのは難しいかもしれませんが、トップのボスにそういう福祉に対する熱い気持ちがなければ、現場の人たちには絶対伝わらないと思います。ボスがその熱い気持ちがなけば成功しないと思いますから、実際に会って話をしていいのか悪いのか判断してもらえればと思いますね。介護や福祉の現場では、いじめとかが起こりやすいので、何も福祉的な気持ちがないとそういうことにも対処できないと思います。私は、今はよかったと思っていますが、まだ始まったばかりで、この先25年あるので、25年後によかったと思えるかどうかわかりませんが、少なくとも最初だけでもそういう方とパートナーシップを組まないとこういう事業は難しいのかなと思いますね」

大谷　「そうですね。本日は、長時間ありがとうございました」

第11章　障害者を受け入れて空室を解消する方法

1　空室の多いマンションを障害者グループホームにする方法

リノベーション型の障害者グループホーム

知立市の池田様の例のように、1棟を丸ごと障害者グループホームに変えてしまうことも検討してもいいかもしれません。

ところで、リノベーション型の場合は、やはり新築と比べると家賃は低くなりますが、安定的な収入が入ってくることには違いはありません。

肝心の家賃ですが、新築型より2割から3割くらいは低く設定する場合が多いので、25,000円~30,000円くらいの家賃になると考えたほうがいいでしょう。

しかし、躯体がしっかりしていて、まだ20年、30年と使えそうな建物なら、新築よりも建築費は安く済むでしょう。

第10章の2でご紹介した刈谷市のグループホームの場合は、2階建ての重量鉄骨の建物で、まだ躯体自体は十分利用できるものでした。

そこで、3DKが4室でしたので、ワンフロアーにするため、リビングの壁をとって、2つで1つのリビングにして部屋はそのまま利用しました。

【図表 75　障害者グループホーム改修工事前平面図】

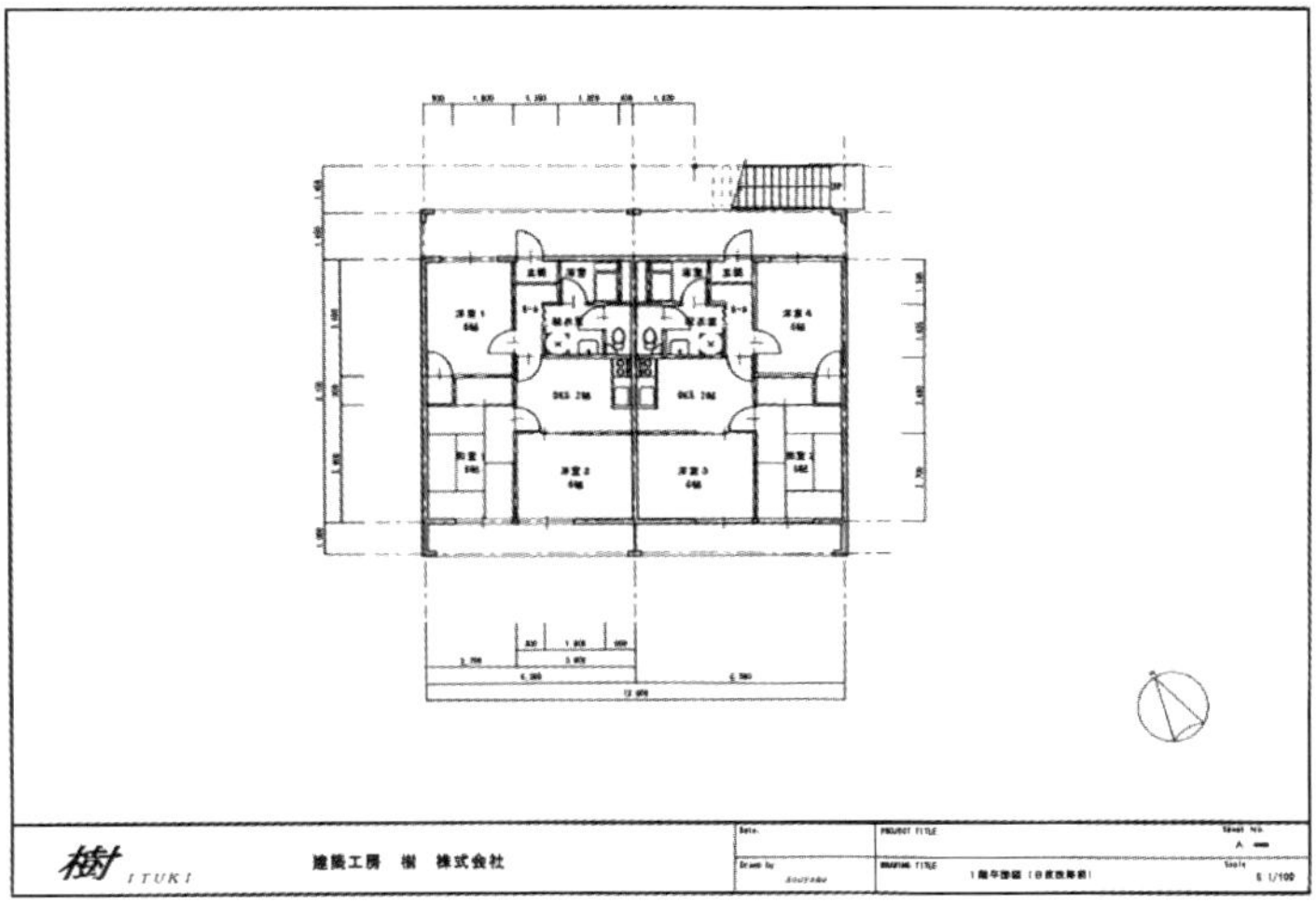

【図表 76　障害者グループホーム改修工事後平面図】

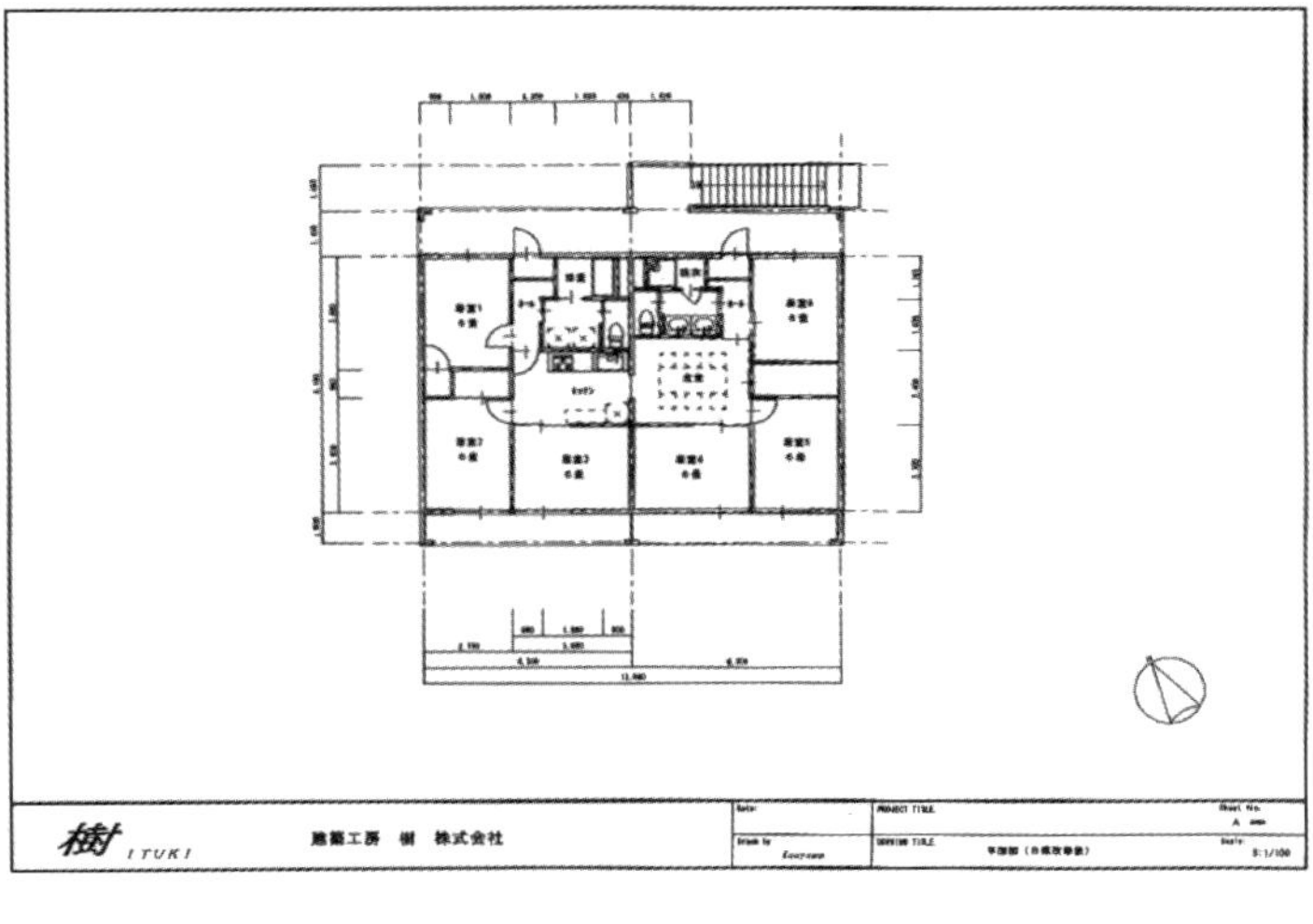

【図表 77　障害者グループホームリフォーム前外観】

【図表 78　障害者グループホームリフォーム後外観】

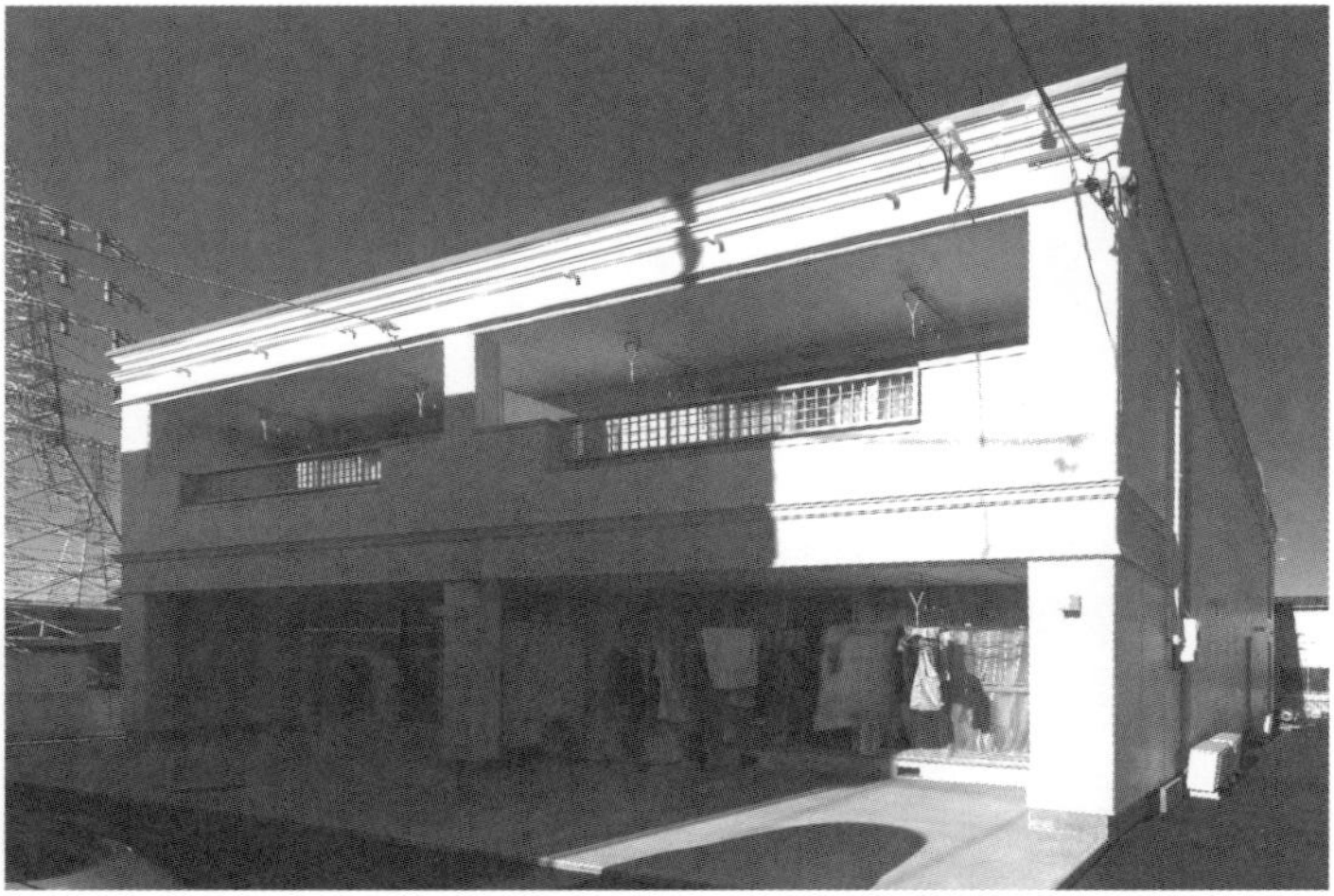

【図表79　障害者グループホームリフォーム後食堂】

【図表80　障害者グループホームリフォーム後居室】

ですから、ワンフロアーで6床のグループホームができ、2フロアーですので12室のグループホームになったわけです。

前述のようにリフォーム型は、まだ20床まで部屋を設置することができますので、可能になったプランです。

【図表81　障害者グループホームリフォーム後洗面室】

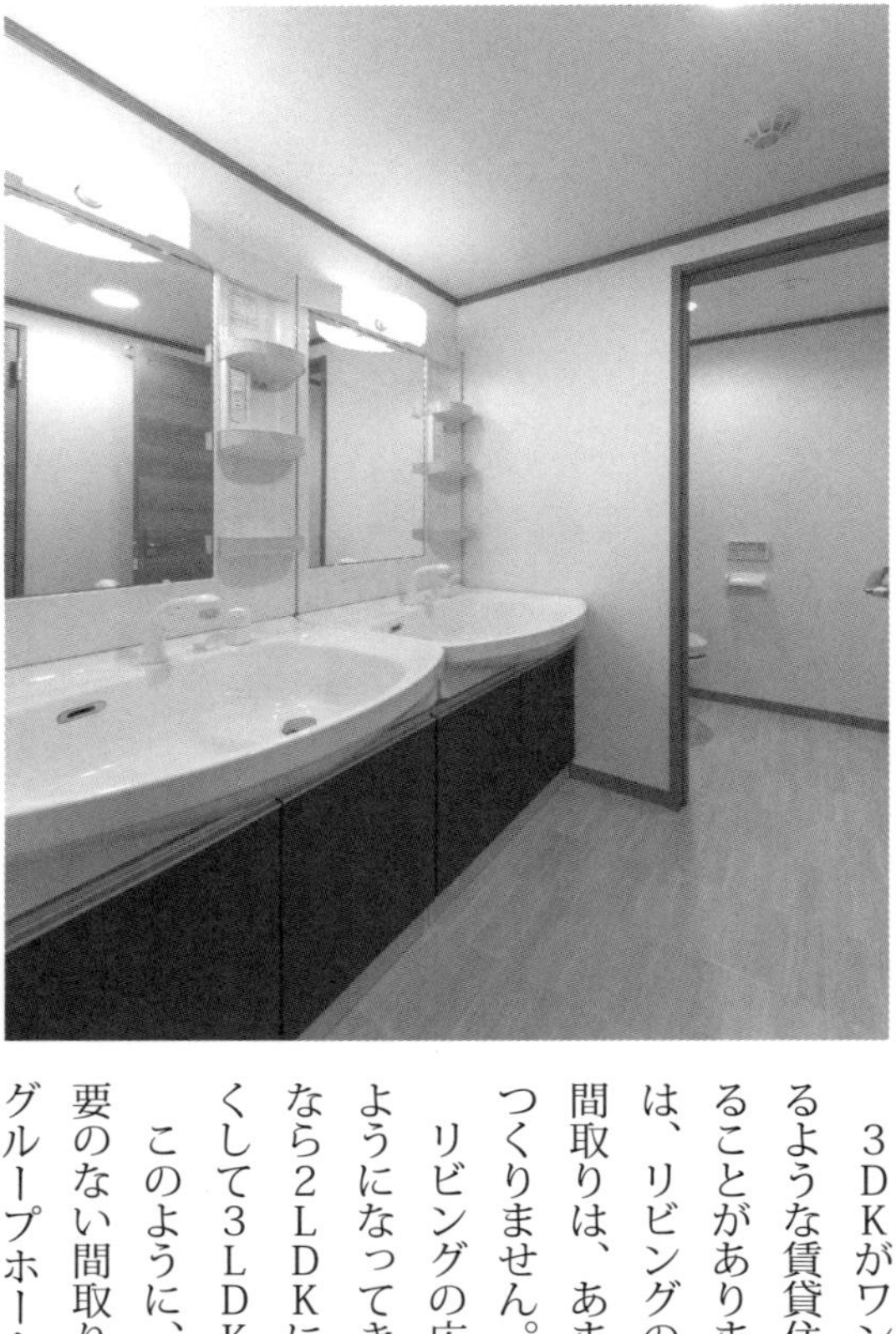

3DKがワンフロアーで2戸あるような賃貸住宅は、時々目にすることがあります。しかし、今では、リビングの狭い3DKという間取りは、あまり人気がないのでつくりません。

リビングの広い部屋が好まれるようになってきたので、同じ面積なら2LDKにするか、全体を広くして3LDKにするでしょう。

このように、現在ではあまり需要のない間取りをリフォームしてグループホームに変えることも、今後は有効な手法だと思います。

リフォーム型に適していない建物

リフォーム型に適していない建物は、1戸で3LDKや4LDKに満たない広さの建物です。3LDK1つで1つのグループホームでも可能です。グループホームは、2人から開設できますが、やはり運営の効率も考えると3人以上がいいのではないかと思います。

壁をとって2つを1つにできるなら、3DK2つで6人のグループホームがよりいいでしょう。

その他ですと、ワンルームも3LDK以上の間取りに変更するのは難しいので、グループホームには向かないでしょう。

2　リノベーションする際の注意点

リノベージョンする際の注意点

リノベージョンする際の注意点としては、障害者グループホームの建築上の用途は「寄宿舎」、または「児童福祉施設等」という建物でなければいけません。一般的な賃貸住宅は「共同住宅」という用途になっています。

その他、「店舗」や「事務所」をグループホームに変更する場合も同じです。

今ある建物のうち100㎡以上をグループホームに変更する場合は、「寄宿舎」か「児童福祉施設等」に用途を変更しなければいけません。建築業界では、このことを一般的に「用途変更」といっています。

用途変更は、共同住宅であったものを寄宿舎に変更するということです。これは、登記を変えるということではなく、新たに建築確認申請をし直すということになります。このように用途を変更してリフォームをすることをコンバージョンといいます。

用途変更に必要なもの

用途変更は、先ほど述べたように、建築確認申請を新たに出すということとほぼ同じです。そこで必要なものは、リフォームしようとする建物を建てたときの建築確認申請書、確認済証、検査済証が必要になります。

建築する際の流れは、「こんな建物を建てます」と、まず最初に建築確認申請書を役所や確認サービス機関に提出します。

その後申請書類や図面をチェックして、「大丈夫です」という意味で、確認済証が発行されて、工事に着工することができます。

工事が完了すると、その申請書どおりに工事がされているかどうか現場で確認作業があって、合格すると検査済証が発行されます。

これらの書類の中で多くの方がないのが、検査済証です。昔は、葉書で通知がきていた時期もありました。今は、１枚のＡ４サイズの紙で発行されています。

この書類がない原因は、そもそも検査を受けていないという方もいますし、なくしてしまったという方もいます。

これらの書類がないと、この建物が、当時、適法に建設されて検査にも合格したという証明がないことになります。証明がないので、一から図面を作成して、今ある建物が適法かどうかのチェックをしてもらわないといけません。そうなると、手間がかかりますので、設計費などのコストがかかります。

ですから、検査済証がない建物をコンバージョンすることは、不可能ではないですが、手間とコストがかかるので、あまりおすすめできません。

中古の物件を買って、用途変更をする場合は、検査済証があるかないかを必ず先に確認しなければいけません。

用途変更をしないで、障害者グループホームを開設することは難しいと考えてください。

運営会社がグループホームの開設をする際に、福祉課に申請書類を提出しますが、その中には調書があって、消防書や役所にいつ誰に消防設備や建築に関して確認をとったか記載する書類もありますので注意が必要です。

3　空室対策に使えるモデル（シェアハウス）

マンションの1室を障害者グループホームにする

昨今では、空室に悩む大家さんも多いと思いますが、もし、長期で空室になっているのであれば、シェアハウスや障害者グループホームに転換することも1つの方法です。一般の賃貸住宅の1室を障害者グループホームとして貸している大家さんもいます。

ただ、１００㎡を超えると用途変更が必要になるので、１００㎡以下の面積でグループホームに変更するほうが賢明です。なぜなら、１００㎡を超えると寄宿舎に用途変更しなければいけないので、建物全体で寄宿舎仕様にする工事をしなければいけないことになり、初期投資が膨らみます。

シェアハウスにする

障害者グループホームもシェアハウスの種類の1つですが、一般の方と混ざってそれが難しい場合は、一般的なシェアハウスとして貸す方法もあります。

シェアハウスにする場合は、図表75のようにシェアハウスに向いている間取りとそうではない間取りがあります。要は各部屋が独立している間取りであることが必要です。そして、1部屋ごとに鍵をつけなければいけません。

立地も重要で、駅から5分から10分圏内が理想です。車を持っていない人が多いので、駅からの距離はとても重要になります。

シェアハウスは、入居募集の仕方が一般の賃貸住宅と違います。

一般の賃貸住宅は、不動産仲介会社が入居者を紹介してくれますが、シェアハウスの場合は、シェアハウス専門のインターネットサイトで行います。

一番有名なのが、「ひつじ不動産」です。その他には、「シェアシェア」や「ルームシェアジャパン」などがありますが、地域地域には有力なシェアハウス管理会社がある場合もありますので、「地

【図表75-①　向いている間取り】

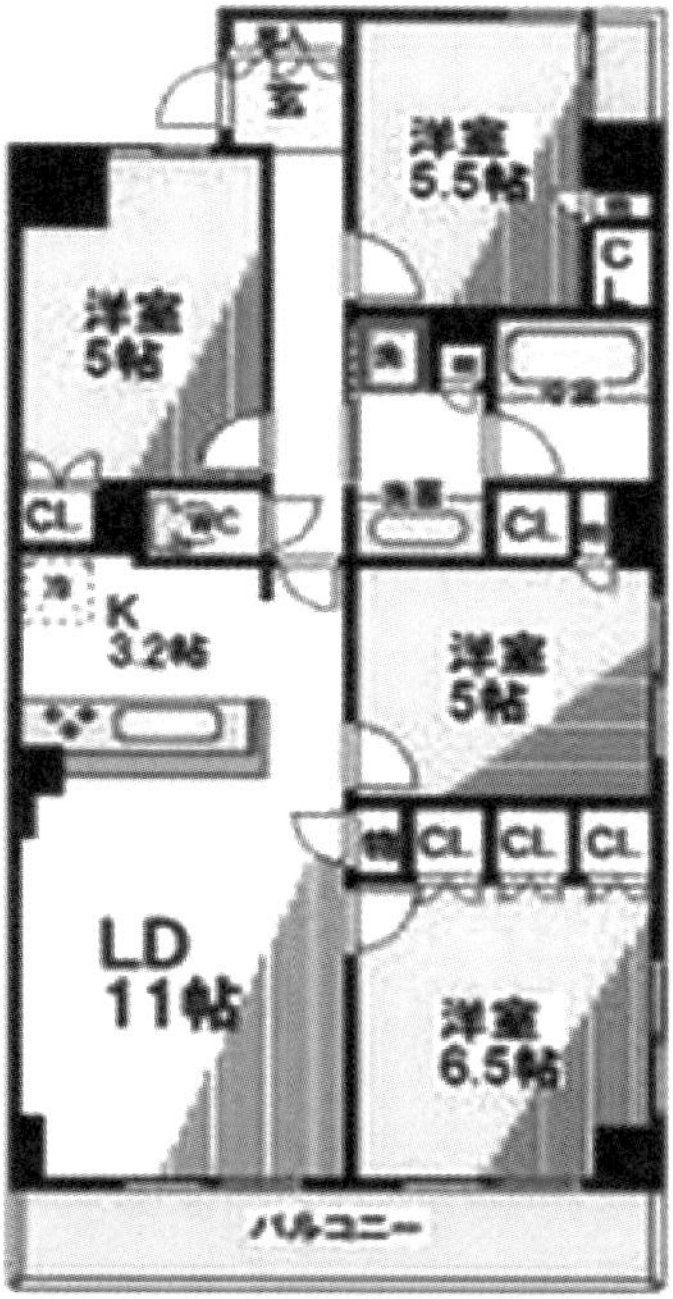

【図表75-②　向いていない間取り】

名＋シェアハウス」で検索エンジンで調べると検索に引っかかりますので、簡単に探すことができます。

シェアハウスは、小さなものであれば、自分で管理することが十分できると思います。８人以上の中規模クラス以上のものになると、自分がそこに住んでいないと難しいかもしれません。

シェアハウスを管理会社に任せる場合の管理料は、20％程度が相場になります。高いように思うかもしれませんが、シェアハウス管理会社は、不動産仲介会社のように仲介手数料がありません。ですから、純粋に管理料だけの収入になりますし、入居募集に関しては、物件案内から契約までの業務を行いますので、仲介手数料が管理料に含まれていると考えてください。

このように駅から近い物件であれば、３ＬＤＫを１人に貸すより、３人に貸したほうがもらえる家賃が多い場合もありますので、１度検討してみてください。

4　空店舗・空事務所等を福祉で利用する

Ｂ型就労支援事業所として賃貸する場合

Ｂ型就労支援事業所で空き店舗や空事務所を貸し出す場合、こちらも面積が１００㎡を超えるとやはり用途変更が必要になります。

したがって、基本的には１００㎡以下にすることが重要です。

B型就労支援事業所は、児童福祉施設等という用途になります。１００㎡以下であれば、用途変更は不要なので、検査済証はなくても貸すことは可能です。

まず先に、施設の設備要件をチェックしましょう。

●必要な設備要件

・作業室（作業する場所）
・多目的室（食事や休憩する場所）
・事務所
・相談室
・トイレ
・洗面

筆者の地元愛知や名古屋では、作業室と多目的室の面積は「人数×２㎡の面積」が必要です。他の地域ですと１人３㎡必要といわれる地域もあるかもしれませんので、１度地域の福祉課に確認をしてください。

愛知県や名古屋市では、１人当たり２㎡ということは、20人のB型就労の場合は、作業室で40㎡、多目的室で40㎡になります。ここで既に８０㎡です。

したがって、残り20㎡で事務所と相談室とトイレと洗面が設置できれば、基準はクリアします。

相談室や事務所は、特に面積基準がないので、20㎡あれば何とか配置できる面積であると思います。

地域によっては、「相談室は、多目的室の中に組み込んでもいいです」と言ってくれる地域もあるようです。緩和策も一緒に確認してみましょう。

100㎡以上のスペースを貸す場合

基本的には用途変更が必要ですが、もう1つ用途変更をしないやり方があります。それは、例えば120㎡のスペースがあるのであれば、20㎡分は壁で塞ぎ、100㎡分だけB型就労で利用する方法です。

120㎡でも100㎡分の家賃にするのか、120㎡分の家賃をもらうのかは大家さん次第ですが、実際に福祉で使う面積が100㎡以下であれば、用途変更は不要です。

福祉課は、現場をしっかり見に来ますので、100㎡を超える部分はしっかり壁で覆っておいてください。

ちなみに、愛知県で100㎡程度のB型就労の家賃は、事業の収支から考えて15万円から17万円程度です。

東京や大阪の中心街では、大家さんとして合わないかもしれませんが、地方や郊外であれば収支は合うと思います。

5　障害者グループホームが今後より必要になる理由

障害者グループホームが今後も必要になり、増えていくにはいくつかの理由があります。その理由を最後にまとめて説明します。

障害者人口の増加

1つ目に、障害者の人口そのものが増加しているということです。平成19年から日本の人口は減り始めているのに、障害者の人口は増えています。これは、難病の指定が増えたり障害者ということが医学の発達でわかるようになったためといわれています。

人口そのものが増えているわけですから、当然ですが、グループホームの需要も増えると予想されます。

地域移行について

2つ目に、厚生労働省の方針として、施設から地域へという流れになっていて、これは「地域移行」といわれています。

入所施設等から地域へ移行するということで、この移行先の半分がグループホームといわれています。

入所施設とは、コロニー等の施設のことです。実際に平成26年の施設退所後の住まいは、48・4％がグループホームとケアホームでした（図表18参照）。

両親の高齢化

３つ目に、自宅からグループホームに転居するケースです。それは、親が早くから自立を施すケースと、長年自宅で一緒に生活してきたのですが、親が高齢になり、自宅で世話ができなくなってきたなどの理由があります。

高齢化は、これから増々進みますので、自分が動けるうちに次の住まいであり、一生面倒を見てくれるところを確保したいという親は増えると予想されます。

精神病院からグループホームへ

４つ目に、精神病院から退院する人の転居先としてもグループホームはその一部を担っています。国としては、入院していると国の医療費負担も大きいことから、早く退院するように、長期に入院させると医療報酬が下がるような仕組みをつくっています。

これら４つの理由から、障害者グループホームは、今後、まだ増加すると思います。

〈コラム〉一般財団法人日本不動産コミュニティーの障害者と大家さんを結ぶ取組み

筆者は、一般財団法人日本不動産コミュニティー（以下Ｊ－ＲＥＣ）の会員であり、名古屋第二支部の支部長をしています。

Ｊ－ＲＥＣでは、大家さんに対する検定試験である「不動産実務検定」（旧大家検定）の資格の試験と資格の認定、テキスト発行、２級、１級、マスターの３つの認定講座の授業、その他には企業の研修、相続相談などを行っています。

この不動産実務検定は、賃貸経営にまつわる「管理」「税務」「融資」「企画」などを体系的に学ぶことができる優れた講座になっています。マスターまで学び、試験に合格すると、自分でも講師として認定講座を開き、先生として賃貸経営について教えることができます。

講師には、有名な大家さんや著者も多く、ネットワークも大きいのでいろいろな情報が手に入ります。

そして、この検定のいいところは、一緒に勉強した仲間ができますので、みなさんが個人的につながりをもって勉強したり、相談をし合ったりしています。

大家業は、ある意味孤独な仕事で、周りに相談できる人が少ないのが現状です。特に、サラリーマン大家さんは、会社で賃貸経営の話をするわけにはいきません。ですから、コミュニティーに参加することは、非常に意味があります。ぜひ1度、J－RECのサイトをご覧ください。

そんなJ－RECでは、障害者の方に対して少しでもお役に立てればと、次のような取組みをしています。

1つ目は、毎年、1月のキックオフミーティング（各支部長が集まる会議）における募金活動です。募金で集まった資金は、「きょうされん」に届けられます。

「きょうされん」とは、全国の1800か所を超える共同作業所の会員を持つ団体で、国や自治体への働きかけ、調査・研修、全国の共同作業所のサポート、作業所関連の情報提供などを行っています。作業所は、現在では、継続就労支援事業所のことです。

2つ目は、「きょうされん」が運営しているネットショッピングモールの「TOMO市場」へバナー広告掲載の協力をしています。

3つ目は、J－RECの認定講師や支部長の名刺作成を「きょうされん」の会員の共同作業所である西千葉トライアングルさんに委託しています。この名刺は、点字が入っていて、目の不自由な方でも内容がわかる名刺になっています。

4つ目は、「月間きょうされんTOMO」の年間購読です。

これらの取組みによって、微力ながら、障害者の方々の力になれればと思っています。

一般財団法人日本不動産コミュニティー　　http://www.j-rec.or.jp

あとがき

今回は、チャレンジを恐れない大家さんのために本書を書きました。

２００７年から人口減が始まり、もうすぐ世帯数の減少も始まる日本で、通常のありきたりの賃貸住宅を建築していては、１等地を所有している大家さん以外は賃貸経営では苦戦することが予想されます。

そんな中で大家さんが生き残るためには、次の３つしかありません。

1、人口が増えるような場所に買い替える
2、海外の有望なエリアに資産をシフトする
3、日本でもまだこれから需要が見込める土地活用をする

もちろん、売却して不動産以外の資産にすることでもいいですが、金融資産等に買い替えることを決めている方は、そもそも本書を読んでいないと思います。ですから、賃貸経営や不動産投資を行う方は、やはり1~3の対策が必要になります。また、地主さんの間では、先祖からの土地を手放すということは、親戚の手前、なかなかできないという方もまだまだ多いと思います。そうなると3の中で考えることが必要になります。

ただし、私も多くの大家さんに障害者グループホームを提案してきて、やはり障害者というだけで抵抗感をお持ちの大家さんもみえました。それはとても残念なことだと思います。ですから、も

う少し内容を理解していただくために、「チャレンジをおそれない大家さんのため」に本書を書いたのです。どうか、本書を読んで、ご自身の相続や税金などの問題を解決しながら、社会貢献をする障害者グループホームの大家さんになっていただきたいと思います。勇気を持ってチャレンジされた方は、ぜひ、報告をください。連絡先は info@iris-fp.com までお願いします。みなさまの報告をお待ちしています。

なお、今回、本書を執筆するにあたっては、多くの方に大変お世話になりました。特に HOTAKA 株式会社（ホームページ https://hotaka727.com）の後藤晋児顧問には、この事業を最初に1からいろいろ教えていただいたお陰で、本書が執筆ができたと言っても過言ではありません。また、大和ハウス工業株式会社 名古屋支社 集合住宅事業部の越野副事業部長には、多くの大家さんに障害者グループホームやB型就労支援事業所、生活介護施設を建築していただいています。このお2人にはとても感謝しています。ありがとうございました。

多くの方々のご協力があって、やっと本書ができあがりました。ここで御礼申し上げます。

大谷　光弘

〈参考文献〉

・大和ハウス工業株式会社　セミナー資料
・株式会社 船井総合研究所　セミナー資料
・株式会社アイリス　株式会社 HOTAKA　資料

著者略歴

大谷 光弘（おおたに　みつひろ）

株式会社アイリス会長。

一般財団法人日本不動産コニュニティー（Ｊ－ＲＥＣ）名古屋第２支部支部長。
取得資格：宅地建物取引主任者。ＦＰ技能士２級。
マンション管理業務主任者。Ｊ－ＲＥＣ認定不動産コンサルタント。
経歴：1971 年生まれ。愛知県出身。朝日大学法学部卒業後、愛知県のジャスダック上場の建築会社で賃貸住宅の提案事業に従事。一般的に賃貸住宅の建築営業の世界では平均年間２、３棟のところ、１年で最高 14 契約を達成。営業所長就任３年目には愛知県春日井市で賃貸住宅建築棟数１位になる。多くの賃貸住宅を企画建築したこれらの経験を活かし独立。
現在は、大家さん向けにアパート・マンションのコンサルティング会社を経営。2007 年から大家さん向けの建築工房 樹㈱も設立。同時に、一般財団法人日本不動産コミュニティーの名古屋第二支部長として、大家検定認定講座の講師、テキストの執筆も行う。
著書には、「高齢者向け賃貸住宅経営で成功する法」（セルバ出版）などがある。
連絡先：（株）アイリス
住所：愛知県豊川市八幡町忍地 164 － 12
ホームページ：http://www.iris-fp.com　メール：info@iris-fp.com

高収益と社会貢献を手に入れる福祉施設投資法
ー空室なし・家賃下落なし・らくらく賃貸経営の秘策

2016 年 11 月 22 日 初版発行　　2022 年 9 月 27 日 第 6 刷発行

著　者　大谷　光弘　©Mitsuhiro Otani

発行人　森　　忠順

発行所　株式会社 セルバ出版
〒 113-0034
東京都文京区湯島 1 丁目 12 番 6 号 高関ビル 5 B
☎ 03（5812）1178　FAX 03（5812）1188
https://seluba.co.jp/

発　売　株式会社 創英社／三省堂書店
〒 101-0051
東京都千代田区神田神保町 1 丁目 1 番地
☎ 03（3291）2295　FAX 03（3292）7687

印刷・製本　株式会社 丸井工文社

Printed in JAPAN
ISBN978-4-86367-302-1

大谷光弘 からのお知らせ

とっておきの読者プレゼントがあります！

本書で紹介できなかった、「障害者グループホームの家賃を３割高くする企画」の音声セミナーをプレゼント !!

下記のアドレスにアクセスするとダウンロードできます。

今すぐアクセスしてください！

http://www.iris-fp.com/0123/

ニューリッチ大家さんホームページ　株式会社アイリス
大谷光弘　☜検索　今すぐアクセスして無料情報を手に入れてください。
web サイト：http://www.iris-fp.com　E-mail : info@iris-fp.com

「大家になるのもいいけど、自分でも障がい者グループホームを運営したい」

でも、そんな経験もノウハウむもない。

実は、障がい者事業はとても収益性の高い事業なのです。

福祉事業様とチームになって障がい福祉事業をスタートしたい方のサポートも行っています。

詳しくは下記の QR コードからご覧ください。